Club PRISMA

MÉTODO DE ESPAÑOL PARA JÓVENES

A2 / B1

Nivel intermedio

LIBRO DEL ALUMNO

Equipo club prisma

Edi numen

© **Editorial Edinumen**
© **Autoras de este nivel:** Paula Cerdeira y Ana Romero

Depósito legal: M-27456-2009
ISBN: 978-84-9848-018-4
Impreso en España
Printed in Spain

Coordinación pedagógica:
María José Gelabert

Coordinación editorial:
Mar Menéndez

Ilustraciones:
Carlos Casado

Diseño de cubierta:
Juanjo López

Diseño y maquetación:
Juanjo López y Carlos Casado

Fotografías:
Archivo Edinumen

Impresión:
Gráficas Glodami. Coslada. Madrid

Agradecimientos:
A todas las personas y entidades que nos han aportado sugerencias, fotografías e imágenes: Patronato Municipal de Turismo y Playas de Alicante (España), Área de Comercio y Turismo del Ayuntamiento de Pamplona, Navarra (España) y Raúl Pallarés.

Editorial Edinumen
José Celestino Mutis, 4. 28028 Madrid
Teléfono: 91 308 51 42
Fax: 91 319 93 09
e-mail: edinumen@edinumen.es
www.edinumen.es

Introducción

→ ¿Qué es CLUB PRISMA?

CLUB PRISMA es un método de español para jóvenes, estructurado en 4 niveles: Inicial (A1), Elemental (A2), Intermedio (A2-B1), Intermedio alto (B1), según los requerimientos del *Marco común europeo de referencia* (MCER) y del *Plan curricular del Instituto Cervantes. Niveles de referencia para el español.*

→ ¿Cómo es CLUB PRISMA?

CLUB PRISMA Intermedio A2-B1 del alumno tiene diez unidades donde se tratan temas de actualidad y adecuados a tus intereses: música, deportes, moda, amistades, Internet...

Las actividades que se plantean están pensadas para desarrollar la interacción y la comunicación con tus compañeros prestando especial importancia al trabajo en parejas y grupos. En CLUB PRISMA son muy importantes las tareas de investigación a través de la red que hay en el apartado de *Tareas con Internet*. Son tareas (relacionadas con los contenidos de cada unidad) en las que tendrás que buscar información específica en páginas web en español y presentar los resultados obtenidos al grupo de compañeros de clase.

En cada unidad vas a trabajar:
- **La comunicación**, a través de textos orales y escritos para desarrollar la comprensión y la expresión.
- **La conversación e interacción**, hablando en español con tus compañeros.
- **La gramática**, deduciendo reglas, aprendiendo el sistema y consolidando las estructuras.
- **La interculturalidad**, conociendo modos y costumbres del mundo hispano.
- **La autoevaluación**, para saber lo que has aprendido y cómo lo has conseguido.

En **CLUB PRISMA** el **protagonista** del aprendizaje **eres tú**. Podrás controlar tus progresos, tus dificultades, tus aciertos y tus errores a través de un documento: **el Portfolio.**

→ ¿Qué es el Portfolio?

El Portfolio es un documento personal (promovido por el Consejo de Europa) en el que podrás anotar tus experiencias de aprendizaje del español. Consta de tres partes:

1. **Pasaporte de Lenguas. Datos personales**
   Sirve para:
   - autoevaluar tu aprendizaje y tu manera de aprender;
   - añadir información sobre tus diplomas, cursos a los que has asistido o contactos relacionados con el ámbito hispanohablante.

2. **Biografía Lingüística**
   CLUB PRISMA te proporciona el apartado *Progresando* al final de cada unidad. Te servirá para:
   - aprender a autoevaluar tus conocimientos y habilidades lingüísticas;
   - aprender a identificar tus necesidades de comunicación y a formular tus objetivos de aprendizaje;
   - conocer mejor y respetar la lengua y la cultura hispanas.

3. **Dossier**
   El dossier sirve para documentar tu progreso en español. En él incluirás:
   - escritos que has realizado dentro o fuera de clase: redacciones, trabajos, exámenes, etc.;
   - grabaciones audio y vídeo de conversaciones y exposiciones orales.
   En **CLUB PRISMA** indicamos las actividades que se pueden añadir al dossier, marcadas con

Título: para conocer el tema de la unidad.

Contenidos funcionales: para aprender las estructuras necesarias para comunicarte.

Contenidos gramaticales: para conocer y consolidar las reglas y estructuras lingüísticas necesarias.

Contenidos léxicos: para conocer y practicar el léxico relacionado con el tema de la unidad.

Contenidos culturales: para conocer algo más sobre la cultura hispana.

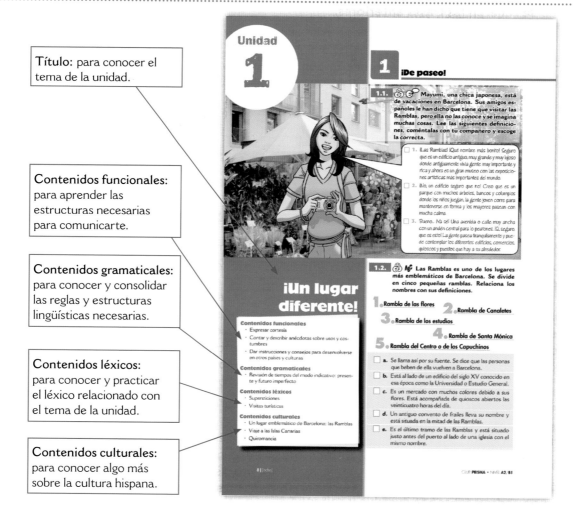

➡ Interpreta estos símbolos:

☺ ➡ Esta actividad la realizas tú solo. Sirve para reflexionar.

😄 ➡ Esta actividad la haces en colaboración con un compañero. Sirve para promover la interacción.

➡ Esta actividad la haces en colaboración con dos o más compañeros. Sirve para realizar tareas.

➡ Esta actividad la haces en común con toda la clase. Sirve para conocer los resultados de actividades anteriores que se han realizado en parejas o pequeños grupos o realizar un debate.

➡ Actividad para practicar la expresión oral y la interacción.

➡ Actividad para practicar la expresión escrita.

➡ Actividad para practicar la comprensión escrita (relacionar, unir, etc.) o la lectura.

➡ Actividad para practicar la comprensión auditiva: diálogos, canciones...

AB͞C ➡ Actividad para la práctica y consolidación del vocabulario.

➡ Actividad lúdica para practicar algunos contenidos lingüísticos.

➡ Actividad para la reflexión gramatical.

P ➡ Actividad que el profesor va a explicar más detalladamente.

➡ Llamada de atención a una estructura especial.

 ➡ Actividad que sirve para añadir al dossier de tu Portfolio.

Índice de contenidos

6 **¡Viva la música!**

Contenidos funcionales
- Expresar probabilidad en el presente, pasado y futuro
- Lamentarse
- Expresar extrañeza
- Expresar preocupación
- Tranquilizar a alguien

Contenidos gramaticales
- Morfología y uso del futuro perfecto
- Contraste entre futuro perfecto, futuro imperfecto y condicional
- Marcadores de probabilidad (*a lo mejor, igual, seguro que…*) + indicativo
- Expresiones para lamentarse: *por qué* + condicional, *deber* (condicional) + infinitivo compuesto, *tener* (condicional) + infinitivo compuesto, *eso (me, te, le…) pasa por* + infinitivo compuesto

Contenidos léxicos
- Acciones habituales
- Vocabulario sobre los concursos de televisión
- Vocabulario referente a las estaciones del año

Contenidos culturales
- La música actual: David Bisbal, Chenoa, Diego Torres

7 **¡Que disfrutes de la naturaleza!**

Contenidos funcionales
- Expresar deseos

Contenidos gramaticales
- Presente de subjuntivo: morfología regular e irregular
  - *Ojalá*
  - *Espero que…*
  - *Deseo que…*
  - *Quiero que…*

Contenidos léxicos
- Léxico de ecología y medioambiente

Contenidos culturales
- Ecología y medioambiente
- Parques naturales en España: las islas atlánticas

8 **Los simios dominarán la Tierra**

Contenidos funcionales
- Expresar probabilidad en el pasado, presente y futuro
- Hablar de la existencia o no de cosas y personas

Contenidos gramaticales
- Marcadores de probabilidad + indicativo
- Marcadores de probabilidad + subjuntivo
- Marcadores de probabilidad + indicativo/subjuntivo
- Revisión de los adjetivos y pronombres indefinidos
- Uso del diccionario: las expresiones idiomáticas

Contenidos léxicos
- Léxico relacionado con el cine
- Léxico relacionado con la literatura
- Frases hechas

Contenidos culturales
- Cine español: *Alatriste*, de Agustín Díaz Yanes
- Literatura española: Arturo Pérez-Reverte
- Diego Velázquez: *La rendición de Breda* o *Las lanzas*

9 **¡Súbete al tren!**

Contenidos funcionales
- Opinar comparando situaciones
- Organizar nuestras palabras: argumentar

Contenidos gramaticales
- Estructura: *lo más/menos* + adjetivo + *es*
- Argumentación: organizadores del discurso
- Preposiciones: *por* y *para*

Contenidos léxicos
- Léxico de viaje
- Nombres de ciudades y países

Contenidos culturales
- Viajes por España
- Las siete maravillas del mundo
- El Machu Picchu (Perú)

10 Triste y sola se queda la escuela

Contenidos funcionales	Contenidos gramaticales	Contenidos léxicos	Contenidos culturales
• Expresar deseos, extrañeza, agradecimiento • Ofrecer a alguien ayuda o colaboración • Aceptar o rechazar ayuda o colaboración	• Morfología y uso del pretérito perfecto de subjuntivo • *¿Querer que* + subjuntivo? • *Te agradezco que* + subjuntivo • *Qué raro/extraño/me extraña/me parece raro/ extraño que* + subjuntivo	• Vocabulario sobre la clase y la escuela	• Literatura: Manuel Rivas, Rafael Alberti • Arte: Picasso, Dalí, Miró, Fernando Botero, Frida Kahlo • Fiestas de verano en España: San Juan, los sanfermines y la tomatina

Nota: se han incluido los contenidos culturales que aparecen en las fichas fotocopiables del libro del profesor.

Apéndice gramatical   108

Glosario   123

 ➡️ **Actividades de CLUB PRISMA para incluir en el dossier de tu Portfolio:**

|---|---|---|---|---|
1	1.5.1.	11	Mi ciudad: lugares emblemáticos	☐
	3.1.	14	Interpretar un texto escrito	☐
	4.1.3.	15	Reflexión intercultural	☐
2	1.4.	20	Reflexión gramatical: los pasados	☐
	2.4. y 2.4.1.	23	Reflexión gramatical: el pretérito pluscuamperfecto	☐
	3.2.	25	Reaccionar ante una noticia curiosa	☐
3	1.2.3.	30	El colegio de mis sueños	☐
	2.1.1. y 2.1.2.	31	Mis extrategias léxicas: reflexión (I)	☐
	4.2.1. y 4.2.2.	35	Frases hechas sobre animales: juego	☐
4	2.2.3.	41	Reflexión gramatical: imperativo + pronombres	☐
	2.5.	43	Un anuncio publicitario	☐
	2.6.4.	44	Debate: la publicidad	☐
5	1.3.2.	51	Juego con adjetivos	☐
	2.2. y 2.2.1.	53	Reflexión gramatical: *ser y estar*	☐
	Tareas con internet (Act. 3)	56	Escritura creativa: un poema	☐
6	1.3.	60	¿Qué habrá pasado?	☐
	1.6.2.	61	Mi futuro próximo	☐
	2.2.2.	62	Mi vida dentro de 20 años	☐
7	1.2.	68	Expresiones relacionadas con el amor	☐
	1.4.	71	Soy un corazón roto...	☐
	3.3.1.	75	Manifiesto por un mundo mejor	☐
8	1.4. y 1.4.1.	80	Hacer hipótesis	☐
	3.1.1.	84	Las expresiones idiomáticas y el diccionario	☐
	Tareas con internet (Act. 3)	86	*La rendición de Breda*, de Diego Velázquez	☐
9	2.5.	92	Organizadores del discurso	☐
	3.5.2. y 3.5.3	95	Mis siete maravillas del mundo	☐
10	2.2.1.	101	Vacío de información: expresar extrañeza	☐
	2.3.2.	102	Mis estrategias léxicas: reflexión (II)	☐
	3.1.1.	103	Ofrecer ayuda, aceptarla o rechazarla	☐

CLUB **PRISMA** • ÍNDICE DE CONTENIDOS   [siete] **7**

1 ¡De paseo!

1.1. 😊 😊 Mayumi, una chica japonesa, está de vacaciones en Barcelona. Sus amigos españoles le han dicho que tiene que visitar las Ramblas, pero ella no las conoce y se imagina muchas cosas. Lee las siguientes definiciones, coméntalas con tu compañero y escoge la correcta.

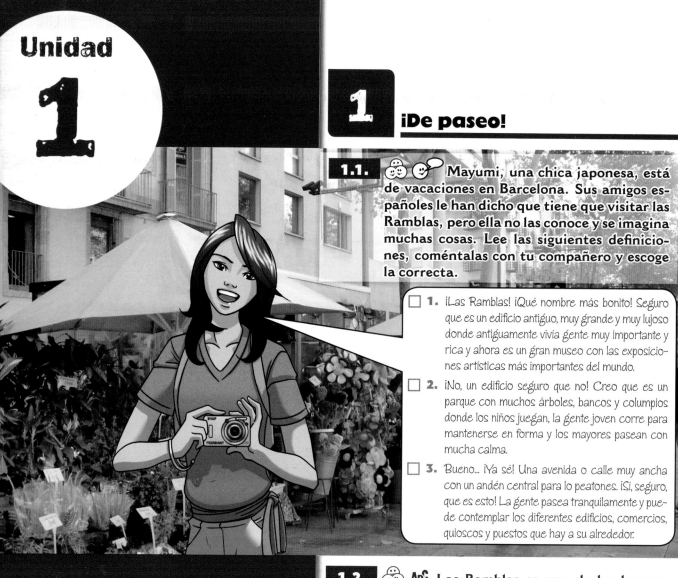

☐ **1.** ¡Las Ramblas! ¡Qué nombre más bonito! Seguro que es un edificio antiguo, muy grande y muy lujoso donde antiguamente vivía gente muy importante y rica y ahora es un gran museo con las exposiciones artísticas más importantes del mundo.

☐ **2.** ¡No, un edificio seguro que no! Creo que es un parque con muchos árboles, bancos y columpios donde los niños juegan, la gente joven corre para mantenerse en forma y los mayores pasean con mucha calma.

☐ **3.** Bueno... ¡Ya sé! Una avenida o calle muy ancha con un andén central para lo peatones. ¡Sí, seguro, que es esto! La gente pasea tranquilamente y puede contemplar los diferentes edificios, comercios, quioscos y puestos que hay a su alrededor.

¡Un lugar diferente!

Contenidos funcionales
- Expresar cortesía
- Contar y describir anécdotas sobre usos y costumbres
- Dar instrucciones y consejos para desenvolverse en otros países y culturas

Contenidos gramaticales
- Revisión de tiempos del modo indicativo: presente y futuro imperfecto

Contenidos léxicos
- Supersticiones
- Visitas turísticas

Contenidos culturales
- Un lugar emblemático de Barcelona: las Ramblas
- Viaje a las islas Canarias
- México D.F.

1.2. 😊 ABC Las Ramblas es uno de los lugares más emblemáticos de Barcelona. Se divide en cinco pequeñas ramblas. Relaciona los nombres con sus definiciones.

1. Rambla de las Flores

2. Rambla de Canaletes

3. Rambla de los Estudios

4. Rambla de Santa Mónica

5. Rambla del Centro o de los Capuchinos

☐ **a.** Se llama así por su fuente. Se dice que las personas que beben de ella vuelven a Barcelona.

☐ **b.** Está al lado de un edificio del siglo XV conocido en esa época como la Universidad o Estudio General.

☐ **c.** Es un mercado con muchos colores debido a sus flores. Está acompañada de quioscos abiertos las veinticuatro horas del día.

☐ **d.** Un antiguo convento de frailes lleva su nombre y está situada en la mitad de las Ramblas.

☐ **e.** Es el último tramo de las Ramblas y está situado justo antes del puerto al lado de una iglesia con el mismo nombre.

1.3. 😊 📖 **A continuación, lee las vivencias de Mayumi en su paseo por las Ramblas y comprueba tus respuestas del ejercicio anterior.**

Pues os voy a contar mi experiencia por este maravilloso lugar barcelonés. Después de andar durante más de una hora por las calles más céntricas y bulliciosas de la ciudad, llego a Plaza de Cataluña, una plaza enorme abarrotada de gente y palomas… ¡Qué nervios! Estoy a punto de descubrir algo nuevo y saber, por fin, de qué se trata. ¡Me he imaginado las Ramblas de tantas maneras! Saco mis prismáticos, miro dirección al mar y veo una calle muy ancha y larga; tan larga que parece no tener fin. Por ella solo pasean personas en la parte central.

Veo a una señora rubia con gafas y le pregunto:

Mayumi: Discúlpeme, señora, ¿me puede decir si esta calle tan larga es las Ramblas?

Señora: Pues eso es. Ahora mismo te encuentras en uno de los lugares más emblemáticos de esta ciudad.

Mayumi: ¡Oh! ¡Qué bonito! ¿Y esta calle termina en algún sitio? ¡Parece enorme!

Señora: ¡Por supuesto que sí! Primero tienes que ir paso a paso conociendo todas sus partes. Las Ramblas es el nombre del paseo pero este se divide en otras cinco Ramblas… ¡Oye! ¿Por qué no vienes conmigo y te explico?

Mayumi: ¡Claro, vamos! Es usted muy amable.

Señora: Desde su comienzo, en la parte más alta junto a la Plaza de Cataluña, hasta su final, al pie del monumento Colón, esta vía tan singular toma cinco nombres. En primer lugar nos encontramos con la **Rambla de Canaletes**, conocida popularmente así por la fuente de Canaletes. Mi abuela nos decía que el que bebe de esta fuente siempre vuelve a Barcelona. El tramo siguiente es el llamado **Rambla de los Estudios** y debe su nombre a este edificio que ves aquí: un edificio del siglo XV, en esta época la Universidad o Estudio General.

Mayumi: ¡Qué maravilla! Pero, ¿cómo sabe usted tantas cosas?

Señora: Soy de Barcelona y tengo muchísimos años más que tú, jovencita…

Mayumi: ¡Un mercado de flores!

Señora: Sí, estamos en la **Rambla de las Flores** que, como puedes ver, está rodeada de grandes quioscos de libros, revistas y periódicos nacionales y extranjeros abiertos día y noche. ¡Mira! ¿Qué hace ese señor rodeado de tanta gente?

Mayumi: ¡Es un mimo! ¡Está disfrazado del hombre de hojalata del cuento *El Mago de Oz*! Es un cuento muy bonito que he leído muchas veces.

Señora: A los niños les encanta, se quedan mirando y cuando acaba el espectáculo le dan dinero… A la derecha está la calle Portaferrisa, enfrente del Palacio de la Virreina que se llama así por su dueño, el Virrey de Perú. Muere muy joven y el palacio se convierte en residencia de su viuda.

Mayumi: ¡Un mercado! ¡Qué antiguo!

Señora: Es el mercado de la Boquería, aunque su nombre oficial es el mercado de San José. Durante muchas décadas ha sido el mercado principal de la ciudad. Actualmente hay mucha gente paseando, curiosos y turistas que quieren contemplar los colores de sus frutas y sus productos.

Mayumi: ¡Uf! ¡Qué tarde! ¡Ya son las siete! En media hora tengo que irme.

Señora: Espera solo diez minutos y te explico los dos últimos tramos de las Ramblas.

CONTINÚA ▶▶▶

Señora:	Pues ahora estamos en la **Rambla del Centro** o la **Rambla de los Capuchinos**.
Mayumi:	¿De los Capuchinos? ¡Qué nombre tan raro! ¿Por qué?
Señora:	Por el antiguo convento de frailes que se llaman así, Capuchinos. Y por fin, llegamos al último tramo de las Ramblas, la **Rambla de Santa Mónica**.
Mayumi:	Me imagino que se llama así porque aquí se encuentra esta iglesia, que seguro es la iglesia de Santa Mónica.
Señora:	¡Exacto! Mira, ahí está la estatua de Colón que nos indica el final de las Ramblas y el comienzo del puerto.
Mayumi:	Muchísimas gracias, señora. Le agradezco mucho las explicaciones y su compañía.
Señora:	Ha sido un placer.
Mayumi:	Adiós.
Señora:	Adiós.

1.3.1. 😊😊 [1] **Escuchad los siguientes fragmentos del texto anterior, localizadlos y escoged la respuesta adecuada.**

1. Mayumi se dirige a la señora:

☐ **a.** de manera informal.

☐ **b.** de manera cortés.

☐ **c.** de manera descortés.

2. La respuesta de la señora es:

☐ **a.** formal.

☐ **b.** informal.

☐ **c.** vulgar.

La cortesía

• Para preguntar algo de forma cortés se utiliza el presente de indicativo o el condicional simple:

– ¿Me **puede** decir si/dónde…?   – ¿Me **podría** decir si/dónde…?

• Para agradecer una respuesta amable se utilizan diferentes expresiones:

– **Muchas gracias**, señor/señora. **Le agradezco** mucho…

– **Muchas gracias por** su ayuda/su amabilidad.

– **Muchísimas** gracias.

– **Es usted muy amable**.

• Para expresar cortesía ante el agradecimiento existen diferentes posibilidades:

– **Ha sido un placer.**   – **De nada.**

– **No hay de qué**.   – **Con mucho gusto.**

1.3.2. 😊😊 [2] **A continuación escucha los siguientes diálogos y relaciónalos con los dibujos.**

1.4.
☺ AB Lee de nuevo el texto de 1.3. y busca las palabras correspondientes a las siguientes definiciones.

1. ☐☐ LL ☐☐☐☐☐☐☐☐
→ Muy ruidosas, con voces, risas y alborotos.

2. ☐☐☐☐ M ☐☐☐☐☐
→ Anteojos que se utilizan para ver algo que se encuentra lejos.

3. ☐☐☐☐☐☐ T ☐☐
→ Muy representativo o característico de un lugar.

4. ☐☐☐ O
→ Actor que realiza su espectáculo con gestos y sin hablar.

5. ☐☐☐ C ☐☐☐
→ Lugar o edificio público destinado a la actividad de comprar y vender.

1.4.1.
☺ AB Ahora, define las siguientes palabras que aparecen en el texto.

1. rambla: ....
2. fuente: ....
3. quioscos: ....
4. turistas: ....
5. puerto: ....

1.4.2.
A continuación os presentamos una serie de adjetivos. Algunos califican las Ramblas y otros no. Formad grupos de cuatro o cinco y señalad con una cruz los referidos a las Ramblas. Comparadlos con los otros grupos y explicad por qué los habéis escogido.

☐ conocidas   ☒ grandes
☐ tristes   ☐ peligrosas
☐ multiculturales   ☐ aburridas
☐ tranquilas   ☐ solitarias

Ejemplo Sí, las Ramblas es un paseo muy grande, empieza en Plaza de Cataluña y termina en el monumento de Colón.

1.5.
¿Existe en tu ciudad alguna calle similar a las Ramblas? ¿Qué zona es la más emblemática de tu ciudad? ¿Cuáles son los monumentos y lugares de interés más importantes? Habla con tus compañeros sobre tu ciudad y toma notas.

PORTFOLIO DOSSIER

1.5.1.
☺ ✎ Un amigo español quiere conocer un lugar emblemático de tu pueblo o ciudad. Escríbele una carta contándole cómo es ese lugar. Ten en cuenta las notas que has tomado y los siguientes puntos:

- Cómo es: grande, pequeño...
- Dónde está situado.
- Hay muchos/pocos turistas.
- Es histórico.
- ¿Qué hace la gente allí?...

2 ¡Suerte!

2.1.
☺ AB Antes de abandonar las Ramblas, Mayumi ve un puesto con objetos muy diferentes. Observa con atención los objetos y di cómo se llaman. Si es necesario, utiliza el diccionario.

2.1.1. 😊 ✏️ **Lee la conversación que Mayumi mantiene con la vendedora. Ayúdale a clasificar los objetos y compáralo con tu compañero.**

Buena suerte

Martes y 13   Mala suerte

Mayumi:	¡Buenas tardes, señora! ¿Por qué vende objetos tan extraños?
Vendedora:	¡Extraños! No, jovencita. Estos son los objetos de la buena y la mala suerte.
Mayumi:	¡Ah! ¿Sí? ¿Cuáles traen buena suerte?
Vendedora:	¡A ver si lo adivinas!

2.1.2. 😃😃 😄 [3] **A continuación vas a escuchar las explicaciones de la vendedora sobre estos objetos y la suerte. Escucha con atención, comprueba si tu clasificación de 2.1.1. es correcta y relaciona los dibujos con su significado.**

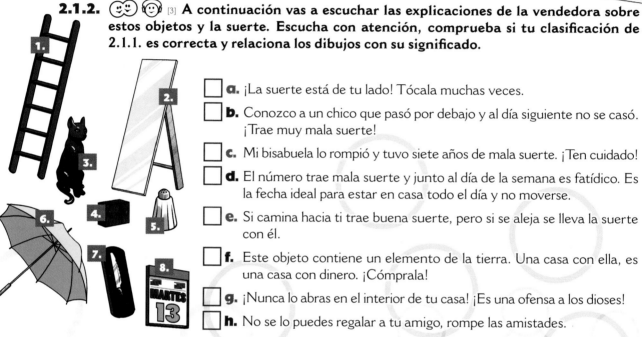

☐ **a.** ¡La suerte está de tu lado! Tócala muchas veces.

☐ **b.** Conozco a un chico que pasó por debajo y al día siguiente no se casó. ¡Trae muy mala suerte!

☐ **c.** Mi bisabuela lo rompió y tuvo siete años de mala suerte. ¡Ten cuidado!

☐ **d.** El número trae mala suerte y junto al día de la semana es fatídico. Es la fecha ideal para estar en casa todo el día y no moverse.

☐ **e.** Si camina hacia ti trae buena suerte, pero si se aleja se lleva la suerte con él.

☐ **f.** Este objeto contiene un elemento de la tierra. Una casa con ella, es una casa con dinero. ¡Cómprala!

☐ **g.** ¡Nunca lo abras en el interior de tu casa! ¡Es una ofensa a los dioses!

☐ **h.** No se lo puedes regalar a tu amigo, rompe las amistades.

2.2. 😊 ⚠️ **Mayumi anota en su libreta todo lo que ha aprendido esta tarde. Completa sus notas, poniendo los verbos entre paréntesis en presente de indicativo.**

1. Las Ramblas (empezar) .... en Plaza de Cataluña y (acabar) .... en la estatua de Colón.

2. El nombre oficial del mercado de la Boquería (ser) .... el mercado de San José.

3. La iglesia de Santa Mónica (encontrarse) .... en la Rambla de Santa Mónica.

4. Las personas que (beber) .... de la fuente de Canaletes (volver) .... siempre a Barcelona.

5. La vendedora siempre (llevar) .... objetos de madera perfumada y la suerte la (acompañar) .... siempre.

6. En España, algunas personas no (abrir) .... los paraguas en casa porque no (querer) .... atraer la mala suerte.

7. Algunos españoles no (regalar) .... cuchillos a sus amigos. Un cuchillo regalado (romper) .... la amistad.

8. Los gatos negros (poder) .... traer buena y mala suerte. Todo (depender) .... de la dirección en la que caminen.

2.2.1. Fíjate en el siguiente cuadro y señala a qué uso del presente de indicativo se refieren las frases anteriores.

Usamos el presente de indicativo para:

- Hablar de acciones habituales:
  - *Todos los días voy con mis amigos al parque.*

- Hablar de lo que haces en este momento:
  - ▶ *¿Qué haces?*
  - ▷ *Leo un libro, ¿no lo ves?*

- Hablar de acciones atemporales: definiciones, descripciones, sentencias…:
  - *En Madrid hay mucho tráfico y la gente hace todo con mucha prisa.*

- Narrar acciones pasadas para dar más expresividad a la narración o acercarlas al presente:
  - *Pues el otro día llego a casa y me encuentro la puerta abierta. ¡Qué susto me llevé!*

Todos los días voy con mis amigos al parque.

2.2.2. Fíjate en el último uso del presente de indicativo que se menciona en el cuadro anterior. ¿Qué texto de los que has leído en esta unidad responde a este uso? ¿Por qué?

2.2.3. A continuación vamos a repasar algunas formas irregulares del presente de indicativo con algunos verbos que han salido en esta unidad. Completa el cuadro y compáralo, después con tu compañero.

	yo	él/ella	nosotros/as
ir		va	
estar			
ver			
poder			
encontrarse			nos encontramos
tener			
venir			
decir			
volver			
hacer	hago		
morir			
saber			
agradecer			
convertirse			

2.3. ¿Qué supersticiones de las anteriores existen en tu cultura y cuáles no? De las que no conocías, ¿cuál te ha llamado más la atención? ¿Eres supersticioso? ¿Qué piensas de la gente supersticiosa?

PORTFOLIO DOSSIER

3.1. ☺🏖 **Mayumi quiere salir de la gran ciudad y decide ir a una agencia de viajes e informarse sobre las islas Canarias. Lee con atención la información que la chica de la agencia le da a Mayumi y escribe el nombre de cada isla en el mapa que aparece debajo.**

■ El Hierro

Está situada en el oeste del archipiélago y es la más pequeña de todas las islas. Allí podrás dormir a la sombra del árbol Garoé, el árbol sagrado de los Bimbaches, antiguos habitantes de la isla y que te protegerá del peligro. Si recorres sus bosques, verás los lagartos gigantes y correrás detrás de ellos. ¡Será muy divertido!

■ Fuerteventura

La reconocerás enseguida por su forma alargada de bota. Si estás estresada y necesitas salir de la gran ciudad, en ella conocerás la tranquilidad, por eso la llaman la *isla tranquila*. Si visitas la montaña Tindaya, sus habitantes te explicarán sus propiedades mágicas. ¡Vete y tu vida cambiará!

■ Lanzarote

Es la isla más oriental y una de las más antiguas del archipiélago. Si te gustan los paisajes erosionados y volcánicos, sus habitantes te enseñarán la Ruta de los Volcanes en el Parque Nacional de Timanfaya. Si te apetece ver más islas, descubrirás el archipiélago Chinijo formado por un pequeño grupo de islotes, y contemplarás las obras del famoso arquitecto César Manrique. Además podrás practicar deportes acuáticos. ¡Te lo pasarás muy bien!

■ La Gomera

Es la tercera isla empezando por el oeste. Mucha gente se referirá a ella como la *isla colombina*, pues fue el último territorio que tocó Cristóbal Colón antes de llegar a América en 1492. Aprenderás a expresarte con un nuevo lenguaje, el silbo, y te explicarán que los antiguos habitantes de La Gomera se comunicaban silbando. ¡No necesitarás hablar!

■ La Palma

Está al norte de El Hierro y La Gomera, al oeste del archipiélago. Sus habitantes la llaman con mucho orgullo la *isla bonita* por la belleza de sus paisajes. Si te gustan los telescopios podrás entrar en el Gran Telescopio Canarias y verás los telescopios ópticos más grandes del planeta. ¡Y es que en La Palma estarás más cerca de las estrellas!

■ Tenerife

Esta isla está en el centro del archipiélago canario. Si te apetece pasear por la ciudad, podrás visitar Santa Cruz de Tenerife y San Cristóbal de la Laguna. Conocerás el Parque Nacional del Teide, proclamado por la UNESCO Patrimonio de la Humanidad, donde verás El Teide, el pico más alto de España. Si te quieres quedar a vivir aquí, gozarás de una temperatura cálida durante todo el año y estudiarás en la famosa Universidad de la Laguna. Los isleños llaman a esta isla, la *isla de la primavera*. ¡Y es que en Tenerife te olvidarás de que existe el invierno!

■ Gran Canaria

Situada entre Tenerife y Fuerteventura cuenta con 85379 habitantes. Si viajas a su capital, Las Palmas de Gran Canaria, sabrás que es la novena ciudad más grande de España. Pasearás por las playas de arena dorada y fina como las playas de Maspalomas, la del Inglés o Las Canteras. Conocerás a turistas de todo el mundo, especialmente a ingleses y alemanes.

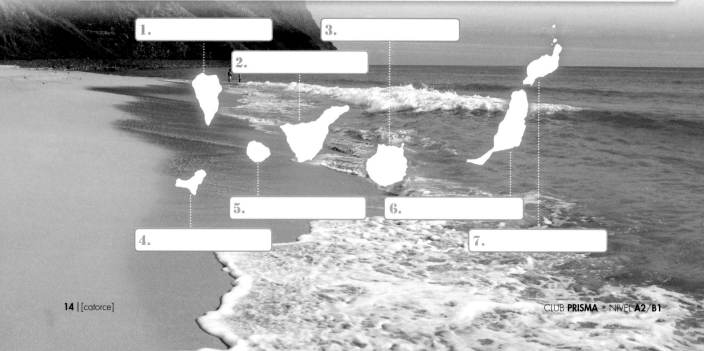

1.

2.

3.

4.

5.

6.

7.

3.1.1. ☺ ⚠ Señala todos los verbos en futuro imperfecto que aparecen en los textos anteriores y escribe el infinitivo del que proceden.

3.2. ☺ ✑ A Mayumi le queda poco tiempo de vacaciones y solo podrá ir a dos islas. Escribe en un papel las islas a las que tú crees que irá Mayumi y explica en diez líneas tus razones.

Ejemplo *Yo creo que Mayumi irá a El Hierro porque es una isla muy pequeña y allí podrá descansar y no verá a mucha gente... Seguro que no irá a Gran Canaria porque se encontrará a muchos turistas...*

4 ¡Hay costumbres y costumbres!

4.1. ☺ 📖 Mayumi ya ha regresado a Japón y se acuerda mucho de su vida en España. Lee las reflexiones que escribió en su diario.

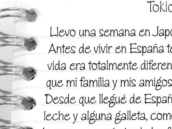

Tokio, 20 de junio

Llevo una semana en Japón y todo me parece muy extraño. Antes de vivir en España tenía otras costumbres y mi ritmo de vida era totalmente diferente. Ahora me siento muy rara, creo que mi familia y mis amigos no entienden nada de lo que hago. Desde que llegué de España desayuno solo un café con leche y alguna galleta, como sobre las dos de la tarde durante la semana y más tarde los fines de semana. Si tengo tiempo, duermo una siesta de media hora y ceno sobre las diez de la noche. Cuando me presentan a alguien le doy dos besos y todo el mundo me mira muy sorprendido. La gente me dice que hablo muy alto y piensan que estoy enfadada. También dicen que gesticulo mucho cuando hablo y creen que estoy loca.

4.1.1. ☺☺ ✑ Completad la siguiente tabla con las costumbres de Mayumi en España e imagina las de su amigo Hiro, que ha vivido siempre en Japón.

	Mayumi	Hiro
1. Desayuno		
2. Comida		
3. Cena		
4. Dormir la siesta		
5. Manera de saludar		
6. Manera de hablar		
7. Manera de expresarse		

4.1.2. ☺☺☺ ✑ Pregúntales y coméntales a tus compañeros si: ....

>>> has/han estado alguna vez en España.

>>> crees/creen que Mayumi tiene razón o está exagerando.

>>> has/han estado alguna vez en Japón o conoces/conocen a alguien de allí.

>>> piensas/piensan que son dos países con culturas muy diferentes y por qué.

>>> te sientes/se sienten más identificados con alguno de los dos países y por qué.

4.1.3. ☺☺☺ ✑ ¿Cómo crees que debe actuar uno cuando va de visita a otro país? ¿Debe intentar adaptarse a sus costumbres, horarios, comidas, etc.? ¿Tú qué haces cuando viajas a países donde las costumbres son muy diferentes de las tuyas? Cuéntales a tus compañeros alguna experiencia curiosa que hayas tenido y tu reacción.

1 Antes de conocer un sitio nuevo imaginamos cómo será y le damos forma en nuestra mente. A veces sucede que lo que nos imaginamos no tiene nada que ver con la realidad. A continuación te invitamos a conocer la ciudad de México D. F., pero primero dale rienda suelta a tu imaginación y responde las siguientes preguntas:

a. ¿Es una ciudad grande o pequeña? ....

b. ¿Cuántos habitantes conviven en ella aproximadamente? ....

c. ¿Cuál es su situación geográfica? ....

d. ¿Es una ciudad pobre o rica? ....

e. ¿En qué año se fundó? ....

f. ¿Qué significa D.F.? ....

g. ¿Es una ciudad cosmopolita o tradicional? ....

2 Ha llegado el momento de saber cómo es realmente México D. F. Navega por las siguientes páginas web: http://www.mexicocity.com.mx/ciudad.html y http://www.mexicocity.com.mx/perfil.html; y encontrarás las respuestas a las preguntas anteriores.

3 Seguimos explorando esta ciudad; para ello entra en: http://www.mexicocity.com.mx/faq_e.html y comprueba si las siguientes afirmaciones son verdaderas o falsas.

	Verdadero	Falso
a. La ciudad de México es con toda seguridad la más grande del mundo.	☐	☐
b. La ciudad de México se sitúa en el sur del país y sus redes de comunicación están bastante limitadas.	☐	☐
c. La ciudad está lo suficientemente distanciada del volcán Popocatépetl para que la actividad de este pueda ponerla en peligro.	☐	☐
d. Aunque México D.F. es una ciudad muy grande, su aeropuerto tiene un tamaño medio y un tránsito menos intenso que el de otras ciudades de su magnitud.	☐	☐

4 Ya estás en México D. F. y ya sabes cuáles serán tus planes durante tu estancia en la ciudad. Escríbele un correo electrónico a tu familia contándoles los lugares que visitarás. Entra en http://www.mexicocity.com.mx/visita.html y encontrarás la información necesaria.

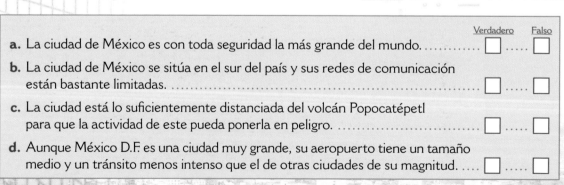

PROGRESANDO

1 Clasifica los presentes de estos verbos en regulares (R) o irregulares (I).

	R	I		R	I		R	I
• imaginar	☐	☐	• deber	☐	☐	• estar	☐	☐
• ver	☐	☐	• llegar	☐	☐	• descubrir	☐	☐
• volver	☐	☐	• hacer	☐	☐	• dividir	☐	☐

2 De los verbos anteriores solo uno presenta irregularidad en futuro imperfecto. ¿De qué verbo se trata?

....

3 Esta unidad me ha ayudado a:

	Mucho	Un poco	Nada
1. repasar las formas verbales de presente y futuro leyendo.	☐	☐	☐
2. repasar las formas verbales de presente y futuro produciendo oralmente.	☐	☐	☐
3. repasar las formas verbales de presente y futuro escribiendo.	☐	☐	☐
4. repasar las formas verbales de presente y futuro viendo su morfología.	☐	☐	☐
5. conocer un poco más la geografía española.	☐	☐	☐
6. conocer más aspectos culturales de la vida española.	☐	☐	☐
7. repasar vocabulario estudiado en los niveles A1 y A2.	☐	☐	☐
8. aprender nuevo vocabulario que amplía mi riqueza léxica.	☐	☐	☐

4 En esta unidad has aprendido léxico trabajando actividades sobre las Ramblas de Barcelona y las islas Canarias. Escribe cada palabra debajo de la columna correspondiente.

> archipiélago · quioscos · prismáticos · lagartos gigantes · calles bulliciosas
> · mercado de la Boquería · Teide · silbo · arena dorada · árbol Garoé ·
> fuente de Canaletes · la isla tranquila · Rambla de las Flores · isleños

Ramblas de Barcelona	Islas Canarias

Cuenta, cuenta...

Contenidos funcionales
- Hablar del pasado
- Situar una acción anterior a otra en el pasado
- Expresar y provocar curiosidad
- Expresar incredulidad o interés
- Introducir un tema o cambiar de tema

Contenidos gramaticales
- Revisión de pasados
- Pretérito pluscuamperfecto de indicativo: morfología y uso
- Expresiones de tiempo
- Expresiones de: curiosidad y sorpresa, interés, incredulidad

Contenidos léxicos
- Noticias curiosas
- Historias de misterio
- Leyendas

Contenidos culturales
- Los antiguos egipcios
- Leyendas de Hispanoamérica
- *Tesis*, de Alejandro Amenábar

1 Esto es un misterio

1.1. ☺ ☺ [4] **Escucha lo que le pasó a Silvia el otro día y marca verdadero o falso.**

	Verdadero	Falso
1. Silvia llegó a la biblioteca a las 7.30 h.	☐	☐
2. Sus compañeros no estaban.	☐	☐
3. La puerta del instituto no estaba cerrada.	☐	☐
4. En su clase había algunas personas.	☐	☐
5. Silvia no llevaba su móvil.	☐	☐
6. Quería salir pero la puerta estaba cerrada.	☐	☐
7. Una persona la tocó en el hombro.	☐	☐
8. El vigilante se llamaba Pancho.	☐	☐
9. El vigilante no sabía por qué no había nadie en el instituto.	☐	☐
10. Era un día festivo.	☐	☐

1.1.1. ☺ ☺ [4] **Vuelve a escuchar y comprueba.**

1.2. ☺ 📖 **Lee la transcripción de la audición anterior y subraya todos los verbos en pasado que encuentres.**

El otro día, cuando Silvia llegó al instituto, eran las siete y media de la mañana. Le extrañó no ver a ninguno de sus compañeros en la puerta, ni a nadie. "¡Qué raro!", pensó. Iba a coger su móvil de la mochila cuando vio que la puerta estaba entreabierta; la empujó suavemente y entró. No se oía absolutamente nada. "¡Hola! ¿Hay alguien?", gritó, pero nadie respondió. Anduvo por los pasillos y fue hasta su clase esperando encontrar a alguna persona, pero no. Abrió la mochila, buscó el móvil: "¡Vaya! Lo he olvidado", se dijo a sí misma. De repente oyó un ruido: "¡Ahhhh!", chilló. Salió corriendo de la clase, el corazón le latía muy deprisa, casi no podía respirar. Llegó a la salida pero la puerta estaba cerrada: "¡No puede ser, yo la he dejado abierta!", pensó. En ese momento notó una mano en su hombro, dio un grito y se desmayó. Cuando despertó, había un hombre a su lado.
- ► Hola, ¿estás bien? ¿Cómo te llamas?
- ► Sisisilvia. Y usted, ¿quién es?
- ► Soy Paco, el vigilante.
- ► Y ¿qué ha pasado? ¿Por qué no hay nadie en el instituto?
- ► Porque es domingo.
- ► ¡¡¿¿Domingo??!!

1.2.1. 😊 ⚠ Clasifica los verbos anteriores en la columna correspondiente.

Pretérito perfecto	Pretérito indefinido	Pretérito imperfecto

1.2.2. 😊 ⚠ A continuación tienes los diferentes usos de los pasados. Completa el cuadro, transforma los infinitivos en el tiempo adecuado y luego, busca ejemplos en el texto de 1.2.

Usos de los pasados

1. Pretérito _____

- Acción pasada en un periodo de tiempo no terminado.
  - *Esta mañana* (olvidar) .... *el móvil.*
  - _____

- Hablar de una experiencia.
  - *Ya* (ver) .... *esa película. ¿Y tú?*

2. Pretérito _____

- Acción pasada en un periodo de tiempo terminado.
  - *El otro día, cuando Silvia* (llegar) .... *al instituto eran las 7.30 h.*
  - _____
  - _____

3. Pretérito _____

- Descripción de: personas, cosas, lugares, acciones habituales, circunstancias.
  - *Mi tía Enriqueta* (ser) .... *bajita,* (tener) .... *el pelo blanco y* (ser) .... *muy habladora.*
  - _____
  - _____

1.3. 😊 ⚠ Aquí tienes algunos marcadores temporales para hablar del pasado. Colócalos en su columna correspondiente.

> antes • cuando era pequeño • el 26 de noviembre • aún no • en otoño •
> hoy • anoche • alguna vez • normalmente • esta semana • siempre •
> ayer • hace un rato • el otro día • ya • hace dos meses • todos los días

Pretérito perfecto	Pretérito indefinido	Pretérito imperfecto

1.3.1. ☺ ⚠ **Subraya el verbo correcto en las siguientes frases.**

1. Hace un año he estado/estuve en París.
2. Hace un rato que hemos terminado/terminamos la clase.
3. Antes me han gustado/me gustaban las fresas, pero ahora no.
4. Cuando mis hermanos y yo hemos sido/éramos pequeños hemos pasado/pasábamos los veranos en Almería.
5. Hace dos meses mi padre se cambió/se ha cambiado de coche.
6. El lunes venía/vino un profesor nuevo.
7. La casa de mis abuelos fue/era grande y tenía/tuvo un jardín muy grande.
8. En verano he estado/estuve en Roma y comía/comí la mejor pizza del mundo.
9. ▷ ¿Por qué no venías/viniste el domingo por la tarde al cine?
   ▷ Porque me dolió/me dolía mucho la cabeza.

1.4. 😵 ⚠ **A veces, usar el pretérito indefinido o el pretérito imperfecto depende de lo que queremos contar, de la interpretación de una acción como no terminada (pretérito imperfecto) o una acción como ya terminada (pretérito indefinido). Relaciona las frases con el dibujo correspondiente.**

1. a. Cuando salíamos de clase, el profesor nos llamó. ☐
   b. Cuando salimos de clase, el profesor nos llamó. ☐

2. a. Cuando crucé la calle me encontré con Vicente. ☐
   b. Cuando cruzaba la calle me encontré con Vicente. ☐

3. a. Me acordé de mi maleta cuando llegaba el tren. ☐
   b. Me acordé de mi maleta cuando llegó el tren. ☐

4. a. Cuando bajaba la montaña vi una cabra montesa. ☐
   b. Cuando bajé la montaña vi una cabra montesa. ☐

5. a. Cuando subía al autobús se me cayó el dinero. ☐
   b. Cuando subí al autobús se me cayó el dinero. ☐

1.5. ¿Conoces a Alejandro Amenábar? En una de sus películas, *Tesis*, dos estudiantes, Ángela y Chema, investigan la desaparición de una compañera. Un día, se quedan encerrados y a oscuras en los sótanos de la facultad. Ángela está muerta de miedo y Chema, para tranquilizarla, le cuenta un cuento. Ahora, responde:

- ¿Te has quedado encerrado alguna vez como Ángela y Chema?
- ¿O te has llevado algún susto?
- ¿En qué circunstancias?
- ¿Qué hiciste para no tener miedo?

Coméntalo con tus compañeros.

1.5.1. [5] **Este es el cuento que le cuenta Chema a Ángela. En grupos de tres, escuchad con atención y completad las frases.**

Alumno A

1. Había una vez una princesa que .... muy grande.
4. Entonces apareció .... que daba brincos y ... . en el aire.
6. Pero el enano no podía más y la princesa .... triste y se largó a sus aposentos.
9. "Yo la cuidaré y la haré .... siempre".
12. Ante él había un monstruo .... y sanguinolentos, con las manos .... y los pies ....
15. Pero el enano .... en el suelo y no se movía.

Alumno B

2. El día en que cumplía 13 años .... con trapecistas, magos y payasos.
5. "Sigue ...., por favor", dijo la princesa.
7. Al rato, el enano .... a buscarla, convencido de que ella se iría con él ....
10. El enano recorrió .... buscando .... de la princesa.
13. El enano quiso morirse cuando .... de que era él mismo reflejado en ....
16. El médico de la corte .... a él y le tomó el pulso.

Alumno C

3. Pero la princesa ....
8. "Ella no es feliz aquí", ... el enano.
11. Pero al llegar a uno de .... vio algo horrible.
14. En ese momento .... con su séquito. "¡Ah! Estás ahí. ¡......................! Baila otra vez para mí, por favor".
17. "Ya no bailará más para vos, princesa", ... "¿Por qué?". "Porque se le .... el corazón". Y la princesa contestó: "...................... que todos los que vengan a palacio no tengan .... ".

1.5.2. **Ahora, leed las frases siguiendo el orden de los números y conoceréis la historia completa. Este cuento lo escribió Oscar Wilde. ¿Cuál de los siguientes títulos crees que es el verdadero? Justifica tu respuesta.**

☐ **1.** La princesa del corazón roto. ☐ **2.** El enano feliz. ☐ **3.** La princesa y el enano.

2

Hace mucho, mucho tiempo...

2.1. 😊 ABC **Relaciona.**

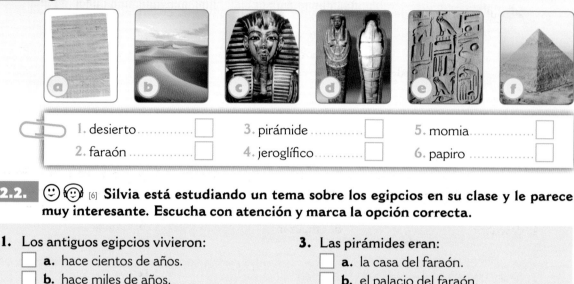

1. desierto .... ☐
2. faraón .... ☐
3. pirámide .... ☐
4. jeroglífico .... ☐
5. momia .... ☐
6. papiro .... ☐

2.2. 😊😊 [6] **Silvia está estudiando un tema sobre los egipcios en su clase y le parece muy interesante. Escucha con atención y marca la opción correcta.**

1. Los antiguos egipcios vivieron:
☐ **a.** hace cientos de años.
☐ **b.** hace miles de años.
☐ **c.** hace millones de años.

2. El río Nilo les proporcionaba agua:
☐ **a.** para beber y lavarse.
☐ **b.** para navegar.
☐ **c.** para cultivar sus tierras.

3. Las pirámides eran:
☐ **a.** la casa del faraón.
☐ **b.** el palacio del faraón.
☐ **c.** la tumba del faraón.

4. Los egipcios escribían en:
☐ **a.** papiros.
☐ **b.** cuadernos.
☐ **c.** pizarras.

2.3. 😊 **Lee el siguiente texto.**

Hacía una mañana radiante, con un sol que desde las primeras horas anunciaba un día caluroso. **Habíamos preparado** nuestro equipaje con la ayuda de mi padre, atentos para no olvidar nada importante, especialmente gorras, cantimploras y cremas protectoras, imprescindibles en el desierto. También **habíamos cogido** varios libros interesantes para descubrir los secretos de los antiguos egipcios. Llegamos al campamento que estaba al pie de una gran pirámide. Era emocionante admirarla con nuestros propios ojos, enorme y llena de historia. ¡Y nosotros íbamos a ayudar a mi padre a descubrir cuándo **habían empezado** a construirla! Después de la cena, mi padre nos presentó a Amr, un joven egipcio alto, delgado y moreno que **se había ofrecido** a acompañarnos por la excavación arqueológica y a explicarnos la historia de la pirámide. Entre otras cosas nos dijo que **habían descubierto** un jeroglífico en el que **habían escrito** una maldición. Álex, Guiomar y yo temblábamos de emoción. ¡Qué aventura nos esperaba!

2.3.1. 😊 ⚠ ¿Te has fijado en los verbos del texto marcados en negrita? Con tu compañero, completa el cuadro y tendrás el paradigma del pretérito pluscuamperfecto.

El pretérito pluscuamperfecto

	Pretérito imperfecto del verbo *haber*	Participio del verbo que expresa la acción	
Yo	había	vivido	/ hecho
Tú	habías	visto	/ puesto
Él/ella/usted			/
Nosotros/as			/
Vosotros/as	habíais	hablado	/ vuelto
Ellos/ellas/ustedes			/

2.3.2. 😊 ⚠ Relaciona los participios que aparecen en 2.3. y 2.3.1. con su infinitivo correspondiente y marca cuáles son irregulares.

☐ **1.** descubrir ⟫ ....

☐ **2.** preparar ⟫⟫ ....

☐ **3.** hablar ⟫⟫⟫ ....

☐ **4.** hacer ⟫⟫⟫⟫ ....

☐ **5.** empezar ⟫⟫⟫ ....

☐ **6.** ver ⟫⟫⟫⟫⟫⟫ ....

☐ **7.** coger ⟫⟫⟫⟫⟫ ....

☐ **8.** poner ⟫⟫⟫⟫⟫ ....

☐ **9.** ofrecer ⟫⟫⟫⟫ ....

☐ **10.** vivir ⟫⟫⟫⟫⟫⟫ ....

☐ **11.** escribir ⟫⟫⟫⟫ ....

☐ **12.** volver ⟫⟫⟫⟫⟫ ....

PORTFOLIO DOSSIER

2.4. 😊 ⚠ Fíjate en las siguientes frases y di qué acción ocurre en primer lugar y qué acción ocurre en segundo lugar.

Ejemplo

Cuando ☐2 **llegamos** al campamento ya ☐1 **se había hecho** de noche.

1. ☐ **Habíamos leído** varios libros, por eso ☐ **sabíamos** cosas sobre los egipcios.

2. ☐ **Queríamos** descubrir cuándo ☐ **habían empezado** a construir la pirámide.

3. ☐ **Leímos** la maldición que ☐ **habían escrito** los egipcios.

PORTFOLIO DOSSIER

2.4.1. 👥 **P** Completa el cuadro con la ayuda de tu profesor.

Usamos el pretérito pluscuamperfecto para hablar de acciones _____ que son _____ a otras acciones también _____ .

2.4.2. 😊 ⚠ Escribe el verbo en la forma correcta del pretérito indefinido o del pretérito pluscuamperfecto.

1. Cuando *(llegar, yo)* .... a clase, el profesor ya *(corregir)* .... los deberes.

2. El sábado *(ir, nosotros)* .... al parque, pero estaba todo mojado porque *(llover)* .... por la mañana.

3. Gilber *(estudiar)* .... mucho, por eso *(aprobar)* .... todos los exámenes.

4. Anoche no *(poder, nosotros)* .... ver la película porque por la mañana *(irse)* .... la luz.

5. Ayer le *(preguntar, yo)* .... a Dani por qué no *(venir)* .... a clase y me *(decir)* .... que *(estar, él)* .... enfermo.

2.5.  😊 😛 **Reacciona a las preguntas de tu compañero. No olvides utilizar en tu respuesta el pretérito pluscuamperfecto.**

> ¿Por qué llegó tarde a clase Manuel?
>
> Porque se había dormido.

Alumno A

Pregunta a tu compañero:

- ¿Por qué no pudo entrar Noemí en su casa?
- ¿Por qué no te llamó Óscar ayer?
- ¿Por qué el padre de Pedro le castigó el domingo?
- ¿Por qué suspendió Quique el examen?

Alumno B

Pregunta a tu compañero:

- ¿Por qué Rosa y Sergio no pudieron ir al concierto de *Maná*?
- ¿Por qué Teresa tuvo que quedarse hasta tarde en la oficina?
- ¿Por qué Víctor tuvo una pesadilla?
- ¿Por qué no fuisteis el domingo de excursión a la sierra?

3 ¿De verdad?

3.1. 😊 **ABC** **Lee los diálogos y escribe las expresiones en negrita en su columna correspondiente.**

1. > **¿Sabes que** a Marcos le gusta Raquel?
> ¡**Anda ya**! Le gusta Mariona.

2. > ¿**Te has enterado de** lo que le pasó a Paula en el aeropuerto?
> No. **Cuenta, cuenta**.
> Pues que cuando iba a subirse al avión estaba tan cansada de esperar que se dejó la maleta en medio de la sala.

3. > **No te lo vas a creer**, pero me han llamado para ir a un concurso de la tele.
> ¡**No me digas**! ¿A cuál?
> A *La ruleta de la suerte*.
> Qué bien. **Por cierto**, ¿qué sabes de Alex?
> **Te vas a quedar de piedra**, ha dejado su trabajo y se ha ido a dar la vuelta al mundo en bicicleta.
> ¡**Qué me dices**! ¡**Vivir para ver**!

4. > ¡**Hombre**, Jorge! ¡**Qué sorpresa**! ¿Qué haces por aquí?
> ¡Hola, tío! Voy a casa de mis abuelos que hace días que no los veo.

CONTINÚA ⟩⟩⟩

Introducir un tema	Cambiar de tema	Expresar/ provocar curiosidad	Expresar incredulidad	Expresar sorpresa	Mostrar Interés
¿Sabes que?					

3.1.1. **ABC** **Aquí tienes otras expresiones. Clasifícalas también en las columnas anteriores.**

- ¡Madre mía!
- No me lo puedo creer.
- ¡Sigue, sigue!
- Cambiando de tema…

- ¿De verdad?
- ¿Y qué paso?
- ¡No puede ser!
- ¡Qué casualidad!

- Si no lo veo, no lo creo.
- Cuéntamelo todo con pelos y señales.
- ¿Sí?

3.1.2. **En parejas elaborad pequeños diálogos en los que aparezcan las expresiones que habéis aprendido. Aquí tenéis algunas situaciones.**

➜ A partir del año 2015 los libros van a ser gratuitos.

➜ El hombre del tiempo ha dicho que va a nevar en Sevilla este verano.

➜ El gobierno va a dar 500 euros a todos los que se llamen Rigoberto.

➜ Este año la agencia *El Inglés* regalará un crucero a todos los nacidos el 29 de febrero.

➜ Dicen que se puede aprender español en 37 minutos por medio de la hipnosis.

PORTFOLIO DOSSIER

3.2. **P** **En algunas ocasiones se producen noticias muy curiosas difíciles de creer: vamos a leer algunas de ellas. Elige un titular que te llame la atención. Tu profesor te dará la noticia para que la leas. Si no conoces alguna palabra puedes buscarla en el diccionario.**

○○○　　　　　　　　　　　　　　　　　　**Titulares del día**

🌐 Las noticias del día en titulares

1. Un Elvis Presley del siglo II.
2. Ganusia, la gallina más vieja del mundo.
3. Dan cubos mágicos a los pulpos para que juegen.
4. Prisión de tres años por disparar al cortacésped.
5. El fallo de una corte en Nueva Zelanda establece que hay nombres que constituyen "abuso infantil".

3.2.1. **En grupos de tres, cuenta tu noticia al resto del grupo. Reaccionad expresando curiosidad, incredulidad, sorpresa, interés…**

¿Sabéis una cosa? Resulta que un tío se puso a disparar a un cortacésped.

¿Sí? ¿De verdad? ¡Está loco!

¿Y qué pasó?

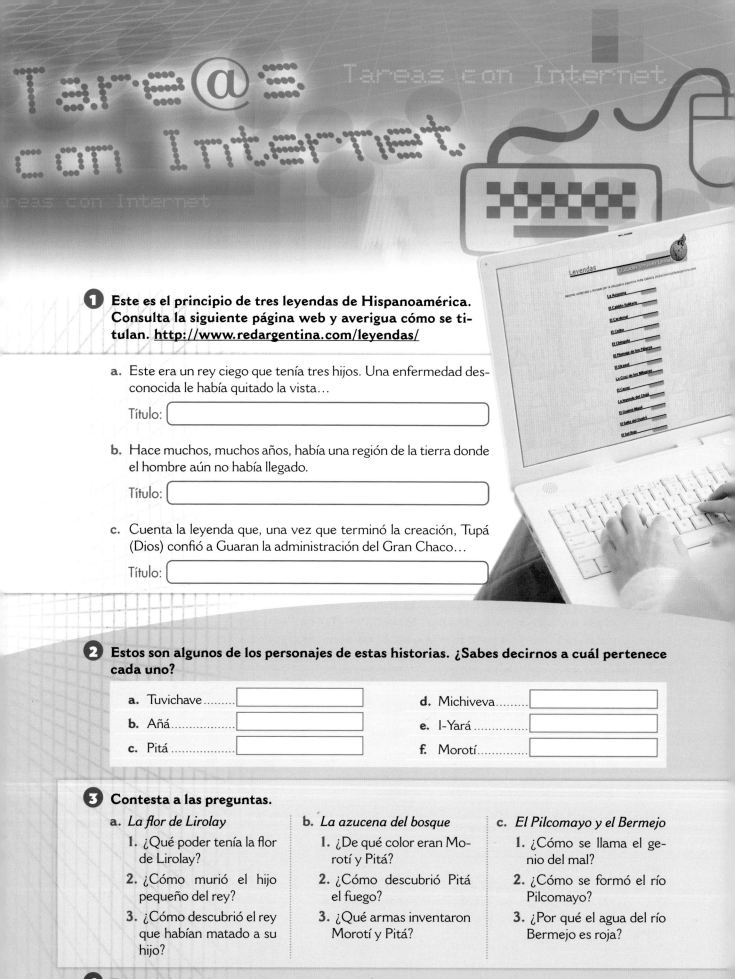

1 Este es el principio de tres leyendas de Hispanoamérica. Consulta la siguiente página web y averigua cómo se titulan. http://www.redargentina.com/leyendas/

a. Este era un rey ciego que tenía tres hijos. Una enfermedad desconocida le había quitado la vista…

Título: [   ]

b. Hace muchos, muchos años, había una región de la tierra donde el hombre aún no había llegado.

Título: [   ]

c. Cuenta la leyenda que, una vez que terminó la creación, Tupá (Dios) confió a Guaran la administración del Gran Chaco…

Título: [   ]

2 Estos son algunos de los personajes de estas historias. ¿Sabes decirnos a cuál pertenece cada uno?

a. Tuvichave .... [   ]   **d.** Michiveva .... [   ]

b. Añá .... [   ]   **e.** I-Yará .... [   ]

c. Pitá .... [   ]   **f.** Morotí .... [   ]

3 Contesta a las preguntas.

a. *La flor de Lirolay*
  1. ¿Qué poder tenía la flor de Lirolay?
  2. ¿Cómo murió el hijo pequeño del rey?
  3. ¿Cómo descubrió el rey que habían matado a su hijo?

b. *La azucena del bosque*
  1. ¿De qué color eran Morotí y Pitá?
  2. ¿Cómo descubrió Pitá el fuego?
  3. ¿Qué armas inventaron Morotí y Pitá?

c. *El Pilcomayo y el Bermejo*
  1. ¿Cómo se llama el genio del mal?
  2. ¿Cómo se formó el río Pilcomayo?
  3. ¿Por qué el agua del río Bermejo es roja?

4 Entra en la siguiente página y consigue información sobre el río Pilcomayo. http://www.welcomeargentina.com/parques/riopilcomayo.html

PROGRESANDO

1 ¿Puedes decir cuántos tiempos del pasado has visto en esta unidad?

....

2 Completa el cuadro. Escribe al menos tres verbos irregulares para cada tiempo.

Pretérito	Pretérito	Pretérito	Pretérito ....

3 ¿Puedes explicar cuándo usamos el pretérito perfecto?

....

4 ¿Puedes explicar cuándo usamos el pretérito indefinido?

....

5 ¿Puedes explicar cuándo usamos el pretérito imperfecto?

....

6 ¿Puedes explicar cuándo usamos el pretérito pluscuamperfecto?

....

7 Explica qué son los marcadores temporales. Pon algún ejemplo.

....

8 Marca la forma incorrecta y escribe la correcta.

a. ☐ he ido   b. ☐ trajeron   c. ☐ comía   d. ☐ habíamos trabajado
   ☐ hemos hablado   ☐ quesisteis   ☐ vivías   ☐ había decido
   ☐ ha ponido   ☐ supimos   ☐ sabíamos   ☐ habían cantado
   ☐ has leído   ☐ durmió   ☐ víais   ☐ habíais comido
   ☐ han preguntado   ☐ hubo   ☐ podían   ☐ habías venido

a. ....

b. ....

c. ....

d. ....

9 En esta unidad has aprendido expresiones que utilizamos en español para expresar sorpresa, curiosidad, mostrar interés y otras. ¿Hay alguna similar o equivalente en tu lengua? Escríbelas.

10 Piensa y escribe.

· Lo más fácil de esta unidad.   · Lo más interesante de esta unidad.

· Lo más difícil de esta unidad.   · La actividad más divertida.

3

¿Y tú, qué harías?

Contenidos funcionales
- Hacer conjeturas en pasado
- Dar consejos y hacer sugerencias
- Expresar cortesía
- Expresar un deseo

Contenidos gramaticales
- Condicional simple: morfología y usos

Contenidos léxicos
- Léxico de animales
- Frases hechas

Contenidos culturales
- La leyenda del gallo de Barcelos
- El grupo musical El Sueño de Morfeo

1 Pensando en clase...

1.1. ☺☺ [7] **María y sus compañeros están en la biblioteca. Cada uno piensa en una cosa. Observa cada dibujo, escucha y relaciona.**

a.

b.

c.

d.

1.1.1. 😊 ⚠️ **En cada una de las frases anteriores aparece un nuevo tiempo verbal que se llama condicional simple. Subráyalo.**

> **1.** Por favor, ¿podría traerme una paella de marisco?
>
> **2.** ¡Qué extraño! Ana no vino a clase ayer. ¿Se quedaría dormida?
>
> **3.** Me gustaría verte esta tarde, ¡me apetece tanto!
>
> **4.** Yo que tú iría a ver la última película de Tim Burton, es un musical muy divertido y actúa Johnny Depp.

1.1.2. 😊 ⚠️ **Vuelve a leer las frases que María y sus compañeros dicen y deduce qué uso del condicional simple expresa cada uno de ellos.**

1. Expresar cortesía. •	• **a.** Silvia.
2. Expresar un deseo. •	• **b.** Alberto.
3. Dar consejos o hacer sugerencias. •	• **c.** María.
4. Hacer hipótesis sobre un hecho ocurrido en el pasado. •	• **d.** Juan.

1.1.3. 😊 ⚠️ **Juan siente mucha curiosidad sobre este nuevo tiempo verbal y le hace muchas preguntas a María. Las respuestas de María están incompletas. Rellena los huecos en blanco con la información adecuada.**

> ¡María! Tengo algunas preguntas acerca del condicional simple. Como te gusta tanto el español y sabes mucha gramática, a lo mejor me puedes contestar.
> ¿Cómo se forma este tiempo?
> ¿Tiene muchas formas irregulares?

> ¡Tranquilo, Juan! Ahora te explico:
>
> • El condicional simple es un tiempo con formas regulares y formas ....
>
> • Para formar el condicional regular usamos el **infinitivo** más las **terminaciones**: ...., ..., -ía, ..., ..., -ían.
>
> • Formas regulares

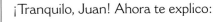

CANTAR	BEBER	ESCRIBIR
cantaría		
	beberías	
	bebería	
cantaríamos		
cantaríais		
	beberían	

> • Los verbos irregulares en **condicional simple** son los mismos que los irregulares en **futuro imperfecto**.

1.1.4. 😊 ⚠️ **Después de leer las explicaciones de María, completa los infinitivos y relaciona las dos columnas.**

COLUMNA 1

1. t __ __ er ·
2. querer ·
3. __ e __ ir ·
4. hacer ·
5. sab __ __ ·
6. haber ·
7. c __ __ er ·
8. sa __ __ r ·
9. poder ·
10. valer ·
11. pon __ __ ·
12. d __ c __ __ ·

COLUMNA 2

· **a.** saldría
· **b.** vendría
· **c.** haría
· **d.** habría
· **e.** querría
· **f.** diría
· **g.** sabría
· **h.** pondría
· **i.** podría
· **j.** tendría
· **k.** cabría
· **l.** valdría

1.2. 😊 ⚠️ **A continuación vas a leer la redacción de Valeria, la sobrina italiana de María. Está aprendiendo español pero todavía no conoce el condicional simple y escribe en presente de indicativo. Cambia las formas de presente por las de condicional donde sea necesario.**

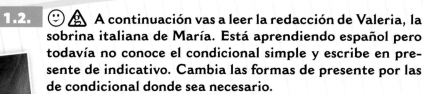

El colegio de mis sueños

Muchas veces pienso en cómo es el colegio de mis sueños. Es tan grande como un castillo medieval y todos los días son una gran fiesta. Las clases empiezan a las doce del mediodía y acaban a las dos de la tarde. Las aulas son enormes y no hay mesas ni sillas para los estudiantes porque entramos a caballo y sentados en ellos escuchamos las explicaciones del profesor. El profesor se sienta en su trono porque en ese momento es el rey de la fiesta. Para no cansarnos demasiado, tenemos camas donde dormimos la siesta y hacemos una competición de ronquidos. Los caballos también descansan, tienen sus propias fuentes y beben de ellas. Cada día me ponen un vestido de época de un color diferente y todo el mundo habla en latín. ¡Me gusta tanto vivir así!

1.2.1. 😊😊 ⚠️ **Compara las correcciones del texto con las de tu compañero. ¿Habéis coincidido en los cambios?**

1.2.2. 😊 🎧 [8] **Ahora escucha el texto y comprueba.**

1.2.3. 😊 ✏️ **Escribe una redacción de entre 100 y 150 palabras explicando cómo sería el colegio de tus sueños.**

PORTFOLIO DOSSIER

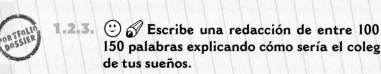

2 ¿Cantaría el gallo?

2.1. ☺ 📖 **A continuación vas a conocer la leyenda del gallo de Barcelos. Lee el texto con atención.**

La leyenda del gallo de Barcelos

Cuenta la leyenda que un cierto día un peregrino gallego salía de Barcelos, una ciudad del norte de Portugal, camino de Santiago de Compostela. Tuvo muy mala suerte porque lo acusaron inocentemente de un **crimen**. Decían que había robado la plata de un terrateniente. El pobre peregrino insistía en su inocencia pero nadie le creyó y lo condenaron a la **horca**.

El día de su **ejecución**, el juez se disponía a comer un gallo asado en presencia del **condenado** y este, desesperado, clamaba justicia y decía que como prueba de su inocencia el gallo se levantaría y se pondría a cantar. Todos los que allí estaban presentes se rieron e ignoraron sus palabras. Pero para sorpresa de todos, en el preciso momento en el que estaban **ahorcando** al preso, el gallo se levantó y cantó…

 2.1.1. ☺ AB^c **Fíjate en las palabras en negrita del texto y la frase en la que aparecen. Sin buscar en el diccionario, expresa con tus propias palabras su significado.**

1. crimen ....
2. horca ....
3. ejecución ....
4. condenado ....
5. ahorcando ....

 2.1.2. ☺☺ AB^c **Compara tus definiciones con las de tu compañero. A continuación consultad su significado en el diccionario y comprobad si vuestras definiciones son correctas.**

2.2. ☺ ⚠ **Fíjate en el siguiente cuadro.**

Hacer hipótesis

- Con el **futuro imperfecto** realizamos hipótesis sobre acontecimientos del presente.
  ► *¡Qué raro! Ana no está en clase. ¿Qué le **pasará**?*
  ▷ ***Estará** enferma.*

- Con el **condicional simple** realizamos hipótesis sobre acontecimientos del pasado.
  ► *¿Sabes? Ayer Ana no vino a clase. ¿Qué le **pasaría**?*
  ▷ ***Estaría** enferma.*

2.2.1. 😵 ✏️ Haz hipótesis sobre la leyenda del gallo de Barcelos. Contesta las siguientes preguntas. No olvides utilizar el condicional simple.

Catedral de
Santiago de Compostela

1. ¿Por qué iba el peregrino a Santiago de Compostela?

....

2. ¿Por qué lo acusaron de cometer un crimen?

....

3. ¿Por qué comía el juez un gallo el día de la ejecución?

....

4. ¿Por qué sabía el peregrino que el gallo iba a cantar?

....

2.2.2. 👥 💬 Comparad vuestras hipótesis y elegid las más divertidas.

2.2.3. 🙂 ✏️ Continúa haciendo hipótesis sobre el pasado escribiendo el verbo adecuado
en su forma de condicional simple.

>>> ¿Por qué no hablaba Ana ayer?
>>> Pues, ...estaría... enfadada o (1).................... hambre o (2)............... sin voz o no (3)....................
ganas de hablar contigo.

>>> María llegó ayer muy tarde a clase. ¿Qué le pasaría?
>>> Pues, (4).......................... muy tarde por la noche o no (5)....................... el despertador o
(6)....................... mucho sueño ayer por la mañana o (7)......................... el metro. Siempre se
levanta muy tarde.

>>> Alberto no aprobó el examen de Historia. Es muy raro, él nunca suspende.
>>> Pues, no (8)...................... tiempo de estudiar o (9)...................... que era otro día y no estudió
o no (10)......................... copiar de María que siempre lo sabe todo o (11)......................... muy
difícil para él.

>>> Juan estaba muy contento ayer. ¿Qué le pasaría?
>>> Pues, le (12)..................... el último álbum de su grupo preferido o (13)..................... el exa-
men de Historia y él siempre suspende o (14)......................... con la chica que le gusta o le
(15)......................... la lotería.

2.3. 😵 ✏️ La leyenda del gallo de
Barcelos está sin terminar. Añadid cinco líneas más a la historia
para darle un final.

2.4. 🙂 😵 [9] Escucha la historia completa y compara con el final que
le habéis dado. ¿Habéis coincidido?

3 ¡Menudo barrio!

3.1. ☺ 📖 **La familia Rodríguez se ha cambiado de piso y vive en un edificio muy ruidoso. Ana, la hija pequeña de la familia, escribe una carta pidiendo ayuda al presidente de la comunidad.**

Madrid, 8 de marzo

Estimado señor Martínez:

Me llamo Ana Rodríguez y desde hace dos meses vivo con mi familia en el 3.º dcha. de este edificio. Me dirijo a usted para comunicarle que nuestra vida en este piso es muy difícil. Es imposible dormir por la noche porque nuestros vecinos de al lado escuchan música a todo volumen hasta altas horas de la madrugada. Todos los días les llamamos para decirles educadamente que no son horas de escuchar música pero nunca nos abren la puerta porque no oyen el timbre. Los vecinos de abajo se levantan a las cinco de la mañana todos los días y gritan mucho; a veces pienso que no oyen bien porque podemos escuchar todas sus conversaciones sin hacer esfuerzo. Nuestros vecinos de arriba son profesores de baile y se pasan todo el día bailando y ensayando sus clases. Acaban sobre las dos de la madrugada y a esa hora ponen la lavadora que es muy vieja y hace muchísimo ruido. Además, no podemos abrir las ventanas porque por las mañanas siempre hay atasco y los conductores no paran de insultarse unos a otros y por las noches se oye la música de la discoteca que está en el bajo del edificio.

Antes de trasladarnos a este piso, todos éramos personas muy distintas. Mi madre era una mujer tranquila que se levantaba muy temprano y siempre estaba de buen humor; mi padre nunca nos reñía y contaba muchos chistes; mi hermano hacía mucho deporte, era muy alegre y nunca se quedaba dormido; a mí me encantaba leer y escuchar a mis grupos preferidos antes de irme a la cama. Ahora que llevamos dos meses y tres días viviendo aquí, mi madre se ha convertido en una persona gruñona que se levanta muy tarde porque no puede pegar ojo durante toda la noche y por las mañanas se queda dormida de cansancio; mi padre no ha vuelto a contar ni un solo chiste porque el ruido le pone de muy mal humor; mi hermano está muy cansado porque no puede dormir y hace un mes que no practica deporte; y yo tampoco puedo leer porque con tanta música diferente no me concentro. Por favor, necesitamos su ayuda pues nadie nos hace caso y no podemos continuar viviendo de esta manera. ¿Qué deberíamos hacer para no volvernos locos? ¿Tendríamos que escribirles a todos los vecinos?

¿Qué nos aconseja? ¡Por favor, necesitamos ayuda!

Un cordial saludo,
Ana Rodríguez

3.2. 😊 ⚠ **La familia de Ana necesita urgentemente ayuda pero antes vamos a aprender las diferentes estructuras gramaticales para dar consejos. Fíjate en los ejemplos y luego completa las estructuras.**

Dar consejos o hacer sugerencias

– *¡Mañana tengo un examen de Historia y todavía no he estudiado!*

Podemos utilizar el condicional simple para **dar consejos** o **hacer sugerencias**.

1. **Nos ponemos en el lugar de la otra persona:**
   ▶ ***Yo que tú, me encerraría*** *en la habitación y **estudiaría** toda la tarde.*
   ▶ ***Yo en tu lugar, dormiría*** *la siesta y después **me levantaría** con mucha energía para estudiar.*
   ▶ ***Si yo fuera tú,*** *no **estudiaría** y **copiaría** del compañero.*
   ▶ ***Yo*** *no **haría** el examen. ¡Los exámenes son tan aburridos!*

   – Yo que tú
   –
   – Si
   –   } + **condicional**

2. **Proponemos en forma de hipótesis lo que la otra persona debería hacer:**
   ▶ ***Deberías encerrarte*** *en la habitación y estudiar toda la tarde.*
   ▶ ***Tendrías que dormir*** *la siesta para levantarte con mucha energía para estudiar.*
   ▶ ***Podrías copiar*** *de tu compañero.*

   – Deberías
   –
   –   } + **infinitivo**

3.3. 😊 😷 [10] **Escucha los consejos que le dan a Ana personas muy diferentes y relaciona los consejos con las personas del recuadro.**

1. Una señora muy creyente. ..... ☐   **3.** Una persona muy práctica. ... ☐

2. Un abogado. .... ☐   **4.** Un psicólogo. .... ☐

3.3.1. 😀 🗨 **Compara con tus compañeros tus respuestas y justifícalas. ¿Estáis todos de acuerdo? ¿Por qué?**

3.3.2. 😊 ✏ **Imaginaos que vosotros sois el presidente de la comunidad de vecinos del bloque de la familia Rodríguez. Responded a su carta dándole los consejos necesarios. No os olvidéis de utilizar las estructuras de consejo que acabáis de aprender.**

4 ¡Menuda fauna!

4.1. 😊 ABC Escribe los nombres de estos animales para aprender frases hechas.

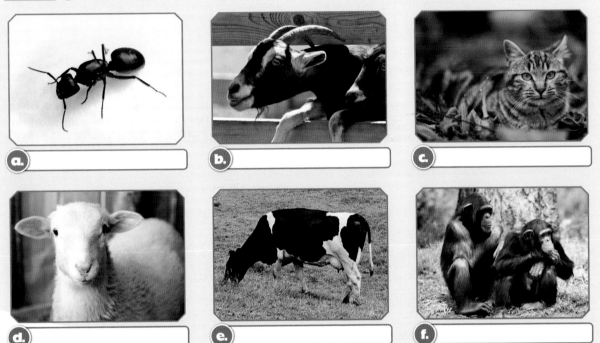

a.

b.

c.

d.

e.

f.

4.1.1. 😊 ABC Completa las frases hechas con el nombre de los animales que has escrito en 4.1. y después relaciónalas con su significado.

1. Estar como una _____ . •

2. Cada _____ con su pareja. •

3. Ser un/una _____ . •

4. Buscarle tres pies al _____ . •

5. ¿Tengo _____ en la cara? •

6. Es más pesado que una _____ en brazos. •

• a. Ser una persona trabajadora y ahorrativa.

• b. Ver malas intenciones donde no las hay.

• c. Respuesta a la gente descarada que mira fijamente a un desconocido.

• d. Ser muy insistente y molesto.

• e. Elegir compañía buscando a tu semejante.

• f. Hacer cosas poco normales y sin lógica.

4.2. 😊 ✏ ¿Qué otros nombres de animales conoces?

4.2.1. 😊 ✋ Compara tu lista con la de tu compañero y elige tres de esos animales. Inventa una frase hecha para cada uno de ellos.

4.2.2. 👪 ✋ Ahora lee tus frases hechas pero sin decir el nombre de los animales a los que corresponden. Tus compañeros tienen que adivinar de qué animal se trata en cada caso.

1 A continuación te presentamos un grupo musical español El Sueño de Morfeo. Entra en la página web: http://es.wikipedia.org/wiki/El_sueño_de_morfeo, lee con atención toda la información sobre el grupo y di si las siguientes afirmaciones son verdaderas o falsas.

	Verdadero	Falso
1. El grupo se formó en el año 2002 bajo el nombre de El Sueño de Morfeo.	☐	☐
2. Su primer disco se llama *Pupitre azul*.	☐	☐
3. Consiguió su segundo disco de platino con más de 150 000 discos vendidos y en el año 2005 se convirtió en el grupo revelación del año.	☐	☐
4. Los miembros del grupo han realizado colaboraciones musicales con otros artistas del panorama musical español como Fran Perea y Diego Martín.	☐	☐
5. Su primer disco se llama *Nos vemos en el camino*.	☐	☐

2 Ahora compara tus respuestas con las de tu compañero. ¿Estáis de acuerdo? Rectificad las respuestas falsas.

3 Vuestro profesor os va a dar la letra de la canción *Esta soy yo*, de El Sueño de Morfeo. Leedla atentamente y en pequeños grupos rellenad los espacios en blanco con la letra que creéis adecuada.

4 Ahora vais a describir en dos o tres líneas a la protagonista de la canción. Entra en http://www.musica.com/video.asp?video=952, escucha la canción y comprueba tus respuestas. ¿Cómo es la protagonista realmente?

5 Explícale a tu compañero el argumento de tu canción preferida. Toma nota de las características principales de la canción y escribe un resumen de la canción de tu compañero.

PROGRESANDO

PORTFOLIO
BIOGRAFÍA
LINGÜÍSTICA

1 Señala los verbos que son irregulares en el condicional simple y escribe su forma en 3.ª persona singular.

> hablar • cantar • tener • decir • poner • escribir • leer • valer • salir • comer • beber • hacer • poder

....

....

2 Señala los usos correctos del condicional simple.

1. Expresar cortesía.

2. Hacer hipótesis sobre el futuro.

3. Expresar contrariedad.

4. Hacer hipótesis sobre el pasado.

5. Expresar un deseo.

6. Hablar de hechos del pasado con seguridad.

7. Dar consejos o hacer sugerencias.

8. Expresar gustos.

3 Creo que...:

	Sí	Regular	No
a. ...la formación del condicional simple es muy complicada.	☐	☐	☐
b. ...en esta unidad se tratan los usos del condicional de una manera clara y esquemática.	☐	☐	☐
c. ...son necesarios más ejemplos para poder entender mejor sus usos.	☐	☐	☐
d. ...es muy fácil confundir sus usos con los del futuro imperfecto.	☐	☐	☐

4 Una frase hecha es:

....

....

5 En las siguientes frases hechas están intercambiados los nombres de los animales. Corrígelas.

• Estar como **un gato**: ....

• Cada **cabra** con su pareja: ....

• Buscarle tres pies al **mono**: ....

• Tener **ovejas** en la cara: ....

6 Trabajar la canción *Esta soy yo* me ha ayudado a:

	Sí	Regular	No
• seguir aprendiendo la lengua de una manera divertida.	☐	☐	☐
• conocer nuevos ámbitos culturales del mundo hispano.	☐	☐	☐
• aprender nuevo vocabulario de una manera reflexiva y creativa.	☐	☐	☐
• reforzar estructuras funcionales y gramaticales que ya conocía.	☐	☐	☐
• practicar la destreza auditiva.	☐	☐	☐

Unidad

4

Tus deseos son órdenes

Contenidos funcionales
- Dar órdenes
- Convencer, atraer la atención, persuadir
- Dar instrucciones

Contenidos gramaticales
- Imperativo afirmativo y negativo regular e irregular
- Imperativo + pronombres
- Imperativos fosilizados: *venga, mira, anda…*

Contenidos léxicos
- La publicidad

Contenidos culturales
- Anuncios del Ministerio de Sanidad y Consumo
- El laberinto del Minotauro
- Lugares de interés en España: parques y jardines

¡Callaos!

1.1. ☺ ☺ [II] **Jonás y sus compañeros tienen hoy un examen. Escucha con atención y toma nota de lo que piden o dicen los estudiantes. ¿Qué le pasa al profesor?**

1.1.1. ☺ 📖 **Efectivamente, el profesor está de mal humor. ¿Cómo lo dicen en la audición? Utilizan una frase hecha. Elige la opción correcta.**

El profesor está de mala
- ☐ guitarra
- ☐ trompeta
- ☐ gaita

1.2. ☺ ⚠ **El profesor de Jonás responde a sus alumnos en imperativo. Marca qué uso de imperativo utiliza.**

☐ **1.**	Ofrecer algo.
☐ **2.**	Dar instrucciones.
☐ **3.**	Convencer, persuadir.
☐ **4.**	Conceder permiso.
☐ **5.**	Dar órdenes.
☐ **6.**	Dar consejos o recomendaciones.

1.3. ☺ ☺ [II] **Escucha de nuevo y anota los imperativos en su columna correspondiente.**

Imperativo afirmativo	Imperativo negativo
callaos	

El imperativo afirmativo y negativo

 Las formas de *tú* y *vosotros/as* son diferentes en el imperativo afirmativo y en el imperativo negativo:

	Verbos en -ar		**Verbos en -er**		**Verbos en -ir**	
Tú	espera	no esperes	bebe	no bebas	abre	no abras
Usted	espere	no espere	beba	no beba	abra	no abra
Vosotros/as	esperad	no esperéis	bebed	no bebáis	abrid	no abráis
Ustedes	esperen	no esperen	beban	no beban	abran	no abran

Para aprender fácilmente el imperativo negativo tienes que conocer la forma de *usted* del imperativo afirmativo y añadir **-s** para *tú* e **-is** para *vosotros/as*.

mire + s ➡ no mires   mire + is ➡ no miréis

La forma *vosotros/as* del imperativo afirmativo siempre es regular.

1.4. ☺ ⚠ Verbos regulares. Completa el cuadro.

	-ar		**-er**		**-ir**	
Tú	calla	no calles			vive	
Usted	calle			no coma		
Vosotros/as			comed	no comáis		no viváis
Ustedes		no callen	coman		vivan	no vivan

1.4.1. ☺ ⚠ Verbos irregulares. Recuerda: los verbos que tienen los cambios vocálicos *e > ie, o > ue, u > ue* en el presente de indicativo, también los tienen en el imperativo. Completa el cuadro.

	empezar		**volver**		**jugar**	
Tú	empieza	no empieces		no vuelvas	juega	
Usted			vuelva	no vuelva	juegue	
Vosotros/as	empezad					no juguéis
Ustedes		no empiecen	vuelvan			no jueguen

1.4.2. ☺ ⚠ Verbos irregulares. Los verbos que tienen el cambio vocálico *e > i* también cambian en la persona *vosotros* en el imperativo negativo. Los verbos *dormir* y *morir* cambian *o > u* en la persona *vosotros* en el imperativo negativo. Completa el cuadro.

¡No duermas!

	seguir		**dormir**	
Tú	sigue			no duermas
Usted		no siga	duerma	no duerma
Vosotros/as		no sigáis		
Ustedes		no sigan	duerman	

1.4.3. ☺ ⚠ **Verbos irregulares.** Aquí tienes otros verbos irregulares. Completa el cuadro.

	ir		ser		estar	
Tú	ve			no seas	está	
Usted		no vaya	sea	no sea		no esté
Vosotros/as		no vayáis	sed		estad	
Ustedes	vayan					no estén

	hacer		tener		salir	
Tú		no hagas	ten			no salgas
Usted	haga			no tenga		no salga
Vosotros/as	haced		tened		salid	
Ustedes				no tengan	salgan	

1.5. 👥 ✋ **Vuestro profesor os va a dar un grupo de tarjetas. De uno en uno tenéis que coger una tarjeta y hacer lo que pone. Vuestros compañeros tienen que adivinar cuál es la orden.**

2 ¡Últimos días! ¡Aprovéchalos!

2.1. 👥 💬 **Lee las frases que titulan este epígrafe. ¿En qué situaciones crees que podrías oírlas o leerlas? Coméntalo con el resto de la clase.**

2.2. ☺ ABC **En la agencia Publispot nos han explicado algunas cosas sobre la publicidad, pero se han olvidado de decir a qué se refieren. ¿Nos ayudas? Escribe las siguientes palabras en el lugar correspondiente.**

> anuncio de televisión · campaña de publicidad · consumidor ·
> eslogan · marca · producto · cartel · diseñar

1. Frase publicitaria corta y fácil de recordar que se usa para que la gente conozca y recuerde un producto. .... [_____]

2. Objeto o cosa que se crea o elabora. .... [_____]

3. Persona que compra un producto. .... [_____]

4. Conjunto de acciones: anuncios en televisión, prensa, radio, carteles, etc., que se hacen para difundir un producto. .... [_____]

5. Trozo grande de tela, papel u otros materiales con una imagen, un dibujo, un mensaje, que se usa para hacer publicidad. .... [_____]

6. Película muy corta que nos enseña las ventajas de un producto. ...... [_____]

7. Palabra que identifica un producto frente a otro de la misma clase... [_____]

8. Dibujar la figura de algo para después fabricarlo. .... [_____]

2.2.1. 🙂 ⚠ **En Publispot se ha reunido un equipo de personas para crear un anuncio. El jefe de equipo ha repartido las tareas. Completa con las formas apropiadas del imperativo y sabrás qué debe hacer cada uno.**

1. Inés y Roberto, *(pensar)* .... un nombre para el producto.

2. Albert, *(componer)* .... la música para el anuncio de televisión.

3. Klaus, *(ponerse)* .... en contacto con las diferentes cadenas de televisión y *(preguntar)* .... cuánto cobran por emitir un anuncio.

4. Sr. Úbeda, usted *(averiguar)* .... cuánto vale poner un anuncio en las diferentes emisoras de radio.

5. Ernesto, tú *(hacer)* .... el diseño del cartel.

6. Pons y Bofarull, ustedes *(organizar)* .... el *casting* y *(elegir)* .... los actores.

7. Orson, Celia y Sophie, *(escribir)* .... el texto para el cartel.

8. Y tú, Gerardo, *(informar, a mí)* .... si hay algún problema.

2.2.2. 🙂 ⚠ **Relaciona las siguientes formas de imperativo + pronombres con las frases anteriores y escribe a qué o a quién se refieren los pronombres.**

a. escribidlo .... | Frase 7, el texto | **f.** componla .... | |
b. hazlo .... | | **g.** pensadlo .... | |
c. averígüelo .... | | **h.** organícenlo ...... | |
d. pregúntalo .... | | **i.** elíjanlos .... | |
e. ponte............... | | **j.** infórmame .... | |

2.2.3. 🙂 ⚠ **Analiza los siguientes ejemplos y luego, completa el cuadro.**

1. Terminad el trabajo. .... ➡ *Terminad**lo**.*

2. Tráe**me** un vaso de agua. .... ➡ *Tráe**melo**.*

3. Entrégue**les** los folletos a los visitantes. .... ➡ *Entrégue**selos**.*

4. No cerréis la ventana. .... ➡ *No **la** cerréis.*

5. No **le** cuentes esa historia. .... ➡ *No **se la** cuentes.*

Imperativo + pronombres

· En el imperativo afirmativo escribimos los pronombres de objeto directo e indirecto [_____] del verbo, formando [_____] palabra.

· En el imperativo negativo escribimos los pronombres de objeto directo e indirecto [_____] del verbo y separados.

· Cuando hay dos pronombres escribimos primero el de objeto [_____] y después el de objeto [_____].

· Los pronombres *le* y [_____] cambian a [_____] cuando van acompañados de los pronombres *lo,* [_____], [_____], *las.*

2.3. ☺ ⚠ **Transforma las frases como en el ejemplo.**

Ejemplo

📄 Comprar, vosotros/los regalos/para Jane: *Comprádselos.* ....

1. Pensar, tú/qué vamos a hacer: ....
2. No leer, vosotros/el libro todavía: ....
3. Recordar, tú /que hay un examen/a tus compañeros: ....
4. Buscar, ustedes/las direcciones/en la guía: ....
5. Dar, tú/la vuelta/a la tortilla: ....
6. No decir, vosotros/mentiras/a vuestro padres: ....

2.4. ☺ 📖 **Este es el anuncio de Publispot. Leedlo y buscad en el diccionario las palabras que no comprendáis.**

¿Hace una fiesta en su casa?
¿Ha invitado a 30 personas y no quiere cocinar?

Compre UGEN-R2

Preparará para usted y sus invitados una suculenta cena para chuparse los dedos, fregará los cacharros y limpiará toda la casa.

Aquí tiene a **UGEN-R2**: limpia, cocina, plancha... Es ligero, brazos y piernas extensibles, caja de herramientas bajo el delantal, y en el color que más le guste.

Para más información llame a Electrodomésticos Galaxy: Tel. 91 555 33 44
O consulte en nuestra web: www.electrogalaxy.es

Y recuerde: ¡nuestros precios son de otra galaxia!
¡No encontrará mejores precios!

2.4.1. ☻ ⚠ **Subraya los imperativos que hay en el anuncio.**

2.4.2. ☻ ⚠ **¿Cuál es el uso del imperativo en el anuncio?**

☐ Ofrecer algo.   ☐ Conceder permiso.

☐ Dar instrucciones.   ☐ Dar órdenes.

☐ Convencer, persuadir.   ☐ Dar consejos o recomendaciones.

2.4.3. ☺ ⚠ **El lenguaje publicitario trata de atraer la atención sobre un producto y convencer al usuario para que lo compre. Fíjate en el siguiente cuadro.**

Convencer, persuadir

- Para convencer, atraer la atención y persuadir, usamos **el imperativo**:
  - *Compre UGEN-R2 y **no piense** más en martillos y clavos.*

- Para llamar la atención sobre algo en particular usamos: **Fíjate/fíjese**, **Mira/mire**:
  - *Mire/fíjese en nuestros precios.*

- Para destacar una idea usamos: **Ante todo**, **Lo fundamental**:
  - *Ante todo queremos lo mejor para usted.*
  - *Lo fundamental para nosotros es su comodidad.*

- Para animar a alguien a comprar algo usamos: **Háganos caso/Venga/Vamos** + **imperativo**:
  - *Háganos caso y compre UGEN-R2 ¡No se arrepentirá!*
  - *Venga, anímese y pruebe nuestros productos.*
  - *Vamos, compre UGEN-R2, será la envidia de su familia y de sus amigos.*

2.5. Ahora vais a hacer vosotros un anuncio. Con tu grupo, sigue los siguientes pasos.

1. Diseñad un objeto de vuestra invención y dibujadlo o describidlo.
2. Ponedle un nombre.
3. Pensad y decidid para qué sirve.
4. Escribid las ventajas y cualidades que tiene.
5. Escribid el anuncio y elaborad un cartel para presentarlo en la clase. No olvidéis usar el imperativo.
6. Al final podéis votar por el mejor producto y el mejor cartel publicitario.

2.6. ☺ Fíjate en estos anuncios.

2.6.1. 😊😛 Observa con atención los anuncios anteriores y contesta a las preguntas.

◎ ¿Qué temas tratan?

◎ ¿A quién creéis que van dirigidos?

◎ ¿Cuál es el mensaje que transmiten?

◎ ¿Os parecen originales? ¿Por qué?

◎ ¿Quién pensáis que puede promover este tipo de anuncios?

◎ En tu país, ¿existen anuncios similares? ¿Quién los promueve?

2.6.2. 😊😛 Estos anuncios se refieren a problemas que afectan mayoritariamente a la población joven. ¿Qué otros problemas crees que tiene la juventud? Poneos de acuerdo para elegir el problema que más os preocupa.

2.6.3. 😊✏ Ahora, diseñad un cartel para tratar el problema que habéis elegido. Recordad que el anuncio ha de tener un eslogan y una imagen.

 2.6.4. 👥😛 ¿Creéis que este tipo de anuncios tienen algún efecto positivo? ¿Influye en la resolución de los problemas que plantea?

3 ¡Anda ya!

3.1. 🙂✏ Escribe el significado de los siguientes verbos.

1. andar:...
2. decir:...
3. ir:...
4. mirar:...
5. oír:...
6. tomar:...
7. valer:...
8. venir:...

3.1.1. 😊 ⚠ Ahora, fíjate en los imperativos de las siguientes frases y, con tu compañero, completa el cuadro.

1. ¡**Anda**! ¡Luisa lleva un vestido como el mío!
2. (Riiing) ¿**Diga**? ¿Quién es?
3. ¡**Vaya**! Me he dejado el móvil en la cafetería.
4. **Mira**, o me dices la verdad o me enfado.
5. ¡**Oye**! A ver si me ayudas un poco, ¿eh?
6. ¡**Toma**! Eso que me cuentas es increíble.
7. **Vale**, esta vez eliges tú la peli, pero la próxima me toca a mí.
8. ¡**Venga**! Vamos a la playa que hoy hace un día estupendo.

¡Vaya! Me he dejado el móvil en la cafetería.

CONTINÚA ▷▷▷

Usos expresivos de los imperativos fosilizados

- Para expresar sorpresa, enfado, extrañeza, disgusto, etc., usamos:
  - *¡Anda! ¡Luisa lleva un vestido como el mío!*
  - _____
  - _____

- Para decir que se está de acuerdo, usamos:
  - _____

- Para invitar enfáticamente a alguien a hacer algo, usamos:
  - _____

- Para llamar la atención sobre algo que se dice, usamos:
  - _____
  - _____

- Para contestar al teléfono, usamos:
  - _____

3.1.2. 😊😊 [12] **Escucha con atención y relaciona cada diálogo con su viñeta correspondiente. Luego, marca *a* si se usa el verbo en su significado original o *b* si se usa el verbo en imperativo fosilizado.**

 A)))) a b

 B)))) a b

 C)))) a b

 D)))) a b

 E)))) a b

 F)))) a b

 G)))) a b

 H)))) a b

3.2. **Aquí tienes diferentes situaciones. Con tu compañero construid pequeños diálogos utilizando las formas de imperativo fosilizado que habéis aprendido.**

Alumno A

Tú quieres:

1. Organizar una fiesta de disfraces.

2. Proponerle ir de picnic al parque.

3. Animar a tu amigo a hacer el Camino de Santiago andando.

4. Ir a un concierto el viernes.

Contesta a tu compañero:
1. Sorpréndete. Ayer te compraste una igual.
2. Muestra disgusto. Era uno de tus favoritos.
3. Muestra sorpresa. No te lo puedes creer.
4. Tranquilízalo. Tenéis tiempo de sobra.

Alumno B

Tú quieres:

1. Enseñarle a tu compañero la camiseta que te has comprado hoy.

2. Pedirle disculpas porque has perdido el libro que te prestó.

3. Decirle que el profesor de español ha puesto un aprobado general.

4. Llamarle la atención porque solo tenéis dos días para terminar el trabajo de Tecnología.

Contesta a tu compañero:
1. Muestra sorpresa. No es carnaval.
2. Contesta al teléfono.
3. No te apetece mucho.
4. Muestra acuerdo.

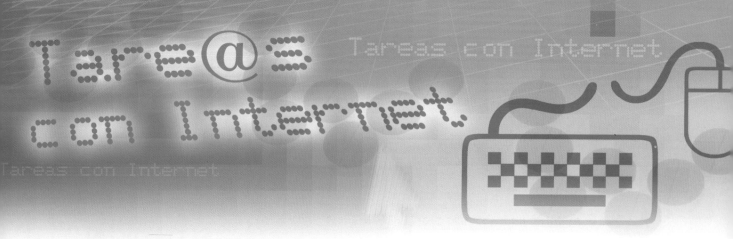

1 ¿Sabes qué es un laberinto? Si no lo sabes, busca en tu diccionario y explícalo con tus palabras.

2 Uno de los laberintos más famosos es el de Creta, en el que vivía el Minotauro, un monstruo mitad hombre y mitad toro. Entra en la siguiente página, lee la historia y contesta las preguntas.

↪ **http://www.bibliotecasvirtuales.com/biblioteca/mitologia/Teseoyelminotauro.asp**

1. ¿Cómo se llama el hijo atleta del rey Minos?

2. ¿Por qué lo mataron los atenienses?

3. ¿En honor de quién eran los juegos de Atenas?

4. ¿Durante cuántos años tuvieron que enviar los atenienses a catorce de sus jóvenes para que se los comiera el Minotauro?

5. ¿Qué le dio Ariadna a Teseo?

6. ¿Cómo salió Teseo del laberinto?

3 En España hay parques que tienen grandes laberintos. Entra en la siguiente página, localiza las provincias que te damos a continuación y contesta las preguntas.

↪ **http://www.spain.info/TourSpain/Arte+y+Cultura/Parques+y+jardines/**

A. Comunidad autónoma: Castilla y León. Provincia: Segovia.

a. ¿Cómo se llama el parque?

b. ¿Cuándo se creó?

c. ¿Puedes nombrar algunas de sus fuentes?

B. Comunidad autónoma: Cataluña. Provincia: Barcelona.

a. ¿Cómo se llama el parque?

b. ¿Cómo se llamaba el jardinero? ¿De dónde era?

c. ¿En qué año abrieron por primera vez el parque al público?

Para saber más: http://www.realsitio.com/
http://es.wikipedia.org/wiki/Parque_del_laberinto_de_Horta

4 En grupos de tres, entrad en la siguiente página para encontrar tres laberintos. Por turnos, dad instrucciones a vuestros compañeros para encontrar la salida. ¿Recordáis qué forma verbal usamos para dar instrucciones? Si no, vuestro profesor os ayudará.

↪ **http://www.polarice.com.mx/descargas.html**

1 ¿Qué usos del imperativo has practicado en esta unidad?

....

2 Escribe al menos un verbo para cada irregularidad vocálica del imperativo.

a. e>ie..   c. u>ue..

b. o>ue..   d. e>i..

3 Escribe la forma *tú* del imperativo de los siguientes verbos.

• poner........................   • ir........................   • hacer........................

• salir........................   • tener........................   • ser........................

4 Escribe la forma *vosotros* del imperativo negativo de los siguientes verbos.

• dormir........................   • huir........................   • decir........................

• volver........................   • seguir........................   • pedir........................

5 Escribe frases en imperativo, afirmativo o negativo.

a. Contexto: en casa..

b. Contexto: en el instituto..

c. Contexto: en la calle..

6 ¿Dónde escribimos los pronombres cuando usamos el imperativo en la forma afirmativa? Pon un ejemplo.

....

7 ¿Dónde escribimos los pronombres cuando usamos el imperativo en la forma negativa? Pon un ejemplo.

....

8 Escribe seis palabras que has aprendido en esta unidad.

....

9 ¿Puedes explicar qué es un imperativo fosilizado?

....

10 ¿Cuáles has aprendido y para qué los usamos?

....

11 Cuando leo un texto:

☐ voy subrayando las palabras que no comprendo para buscarlas después en el diccionario.

☐ busco las palabras que no entiendo al mismo tiempo que las leo.

☐ si creo que es demasiado difícil, dejo de leer.

☐ intento entender el texto globalmente.

Unidad

5

Muchas formas de ser

Contenidos funcionales
- Descripción de personas: el físico y el carácter
- Expresar sensaciones y sentimientos con adjetivos
- Expresar opiniones

Contenidos gramaticales
- Revisión y nuevos usos de *ser* y *estar*

Contenidos léxicos
- Adjetivos de descripción física
- Adjetivos de carácter
- Lenguaje poético

Contenidos culturales
- Poetas de España e Hispanoamérica

---

1 Poesía eres tú

1.1. ¿Sabrías definir la poesía? A continuación te proponemos diferentes definiciones; léelas con atención y señala la que más se acerca al concepto de poesía para ti. Puedes marcar varias opciones.

	Sí	No
1. La poesía describe emociones de todo tipo, desde el placer al dolor.	☐	☐
2. Lo más importante de la poesía es el tema que trata.	☐	☐
3. Lo que realmente importa en la poesía es cómo se dicen las cosas y no lo que se dice.	☐	☐
4. La poesía se acerca siempre a la realidad.	☐	☐
5. En la poesía el poeta transforma la realidad.	☐	☐
6. La poesía se centra en el exterior de las personas y no en el interior.	☐	☐

1.1.1. Compara tu elección con la de tu compañero y justifícala. Para ello fíjate en el siguiente cuadro y recuerda diferentes formas con las que podemos expresar la opinión.

Para expresar opiniones

Para mí
Según mi opinión

(Yo) Creo que
(Yo) Pienso que } + presente de indicativo
(Yo) Opino que
(A mí) Me parece que

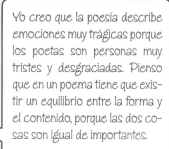

Yo creo que la poesía describe emociones muy trágicas porque los poetas son personas muy tristes y desgraciadas. Pienso que en un poema tiene que existir un equilibrio entre la forma y el contenido, porque las dos cosas son igual de importantes.

1.1.2. 🙂 ✏️ **Escribe una redacción explicando las opiniones de tu compañero y comparándolas con las tuyas.**

Ejemplo 📝 *Marcos piensa que la poesía es muy bonita pero es imposible de entender. Yo no estoy de acuerdo porque…*

1.2. 🙂 😊 [13] **A continuación vas a escuchar a tres estudiantes de Literatura que hablan de sus poetas favoritos. Escucha con atención y señala si las siguientes afirmaciones son verdaderas o falsas.**

Gloria Fuertes

	Verdadero	Falso
a. Gloria Fuertes vivió en Madrid.	☐	☐
b. Le gustaban mucho los niños.	☐	☐
c. Colaboró tan solo en un programa de televisión, *La cometa blanca*.	☐	☐
d. Su voz era muy débil y tenía un gran sentido del humor.	☐	☐
e. Cultivó la poesía infantil y la poesía para adultos.	☐	☐

Mario Benedetti

	Verdadero	Falso
a. Mario Benedetti tiene seis nombres.	☐	☐
b. El estudiante piensa que Mario es el nombre más original.	☐	☐
c. Vivió en Argentina, Chile y España.	☐	☐
d. Es un autor que cultiva diferentes géneros literarios.	☐	☐
e. Intervino como actor en una película.	☐	☐

Pablo Neruda

	Verdadero	Falso
a. Pablo Neruda era su verdadero nombre.	☐	☐
b. En 1981 ganó el premio Nobel de Literatura.	☐	☐
c. Debido a su compromiso político y a la situación de la época, tuvo que huir de Chile.	☐	☐
d. Para salir de Chile se cambió de identidad pero no cambió su aspecto físico.	☐	☐
e. La obra *Veinte poemas de amor y una canción desesperada* está formada por poemas románticos y tristes.	☐	☐

1.3. 😊 👥 ¿Quién crees que es el autor de cada fragmento? Relaciona cada título con el poema correspondiente y escribe debajo de cada uno de ellos quién crees que es su autor. Justifica tu respuesta.

1. Poema de amor n.º 20.
2. When you are smiling.
3. Para dibujar un niño.

A

2

(...)
ocurre que tu sonrisa es la sobreviviente,
la estela que en ti dejó el futuro,
la memoria del horror y la esperanza,
la huella de tus pasos en el mar,
el sabor de tu piel y su tristeza.

When you are smiling
The whole World
Que también vela por su amargura
smiles with you.

Autor/Autora:
....

B

(...)
hay que hacerlo con cariño.
Pintarle mucho flequillo,
—que esté comiendo un barquillo—
muchas pecas en la cara,
que se note que es un pillo
—pillo rima con flequillo
y quiere decir travieso—.
Continuemos el dibujo:
redonda cara de queso (...)

Autor/Autora:
....

C

Puedo escribir los versos más tristes esta noche.
Escribir, por ejemplo: "La noche está estrellada, y
tiritan, azules, los astros, a lo lejos".

El viento de la noche gira en el cielo y canta.

Puedo escribir los versos más tristes esta noche.
Yo la quise, y a veces ella también me quiso (...)

Puedo escribir los versos más tristes esta noche.
Pensar que no la tengo, sentir que la he perdido (...)

Autor/Autora: ....

1.3.1. 😊 😵 [14] El poema utiliza el lenguaje de forma especial, dándole a las palabras significados diferentes, jugando con el ritmo y la rima, es decir, llevándolo al límite para conseguir emocionar al lector. Escucha los siguientes fragmentos de algunos poemas de los autores anteriores dos veces y elige, entre las opciones que se dan, cuál es la técnica poética que utilizan para conseguir sorprender y emocionar.

Poema 1:	☐ rima	☐ invención de palabras	☐ uso de extranjerismos
Poema 2:	☐ rima	☐ deformación del lenguaje	☐ uso de metáforas
Poema 3:	☐ rima	☐ repetición de estructuras y sonidos	☐ invención de palabras

1.3.2. 😊😊💬 Escoge el poema del ejercicio anterior que más te guste, escribe su nombre en un papel y dáselo a tu compañero que tendrá que adivinar con preguntas por qué te gusta.

Ejemplo
📋 *¿Eres una persona triste y nostálgica?*

1.4. 😊😊 ABᶜ Las sílabas de las siguientes palabras están desordenadas. Ordénalas y encuentra el adjetivo escondido.

BLE SI SEN	TIL VER SÁ

TI RO MÁN CO

1. ___sensible___   **2.** _____   **3.** _____

PLI DO COM CA	TO AU DAC DI TA	VEN RE RO A TU

4. _____   **5.** _____   **6.** _____

1.4.1. 😊😊😊💬 Discute con tus compañeros cuáles de estos adjetivos describen a los poetas anteriores y escríbelo en la columna adecuada. Recuerda que algún adjetivo puede describir a más de un poeta.

Gloria Fuertes	**Mario Benedetti**	**Pablo Neruda**
sensible,	sensible,	sensible,

2 ¡Cómo eres!

2.1. 😊📖 Rosa Arreglavidas es una peculiar detective privada que ha decidido formar su propia agencia y necesita una socia. Tiene dos candidatas pero sus perfiles son muy diferentes. Lee los siguientes textos e identifica quién es quién.

Rosa Arreglavidas

Jennifer Martínez

Yaisa Álvarez

Soy del sur de España y, como podéis ver, **mi aspecto físico es inmejorable.** **Soy una mujer alta y fuerte** aunque ahora **estoy un poco más delgada de lo habitual. Mi forma de vestir es bastante sobria**, no me gustan los complementos ni maquillarme pues me gusta mostrarme natural. Llevo siempre el mismo tipo de pantalones: largos, de tela y grises; y **mis chaquetas son muy clásicas** y de colores neutros porque detesto llamar la atención.

Córdoba

Dicen de mí que **soy una persona seria**, que me río muy poco y que a veces doy miedo. **Y es que mi profesión exige tener estas cualidades.** Las personas que me conocen mejor piensan que aunque aparentemente **soy una mujer formal**, realmente **soy muy divertida.** Necesito una socia responsable, seria y amable con la que formar un buen equipo.

1. ....

Lima

Soy de Lima, Perú. **Soy detective privada** pero desde hace unos meses **estoy de camarera** en una cafetería de mi barrio y **estoy buscando trabajo** de detective porque **es lo que más me gusta. Soy una persona inquieta**, muy curiosa y con muchas ganas de ayudar y resolver los problemas de la gente. **Estoy un poco triste** porque **es muy difícil** trabajar en lo que me gusta aunque tarde o temprano lo conseguiré **y es que tengo mucha confianza** en mí misma.

Los que no me conocen creen que **soy una mujer superficial** y que **solo pienso en estar guapa** y en comprar ropa. En cambio, las personas de mi entorno dicen que **soy buena gente**, con mucho sentido del humor y muy inteligente pero últimamente **estoy un poco alterada y es un poco difícil hablar conmigo**. Me encantaría trabajar en mi profesión y enfrentarme a las situaciones más adversas.

2. ....

Soy de Fuerteventura y me gusta mucho hacer deporte, ayudar a la gente indefensa y mi isla, el lugar más paradisíaco del mundo. **La gente aquí es tranquila**, simpática y muy hospitalaria, y **yo también soy así.** Me gusta sonreír y siempre **estoy contando chistes** aunque últimamente **estoy muy nerviosa** porque me estresa mucho no encontrar trabajo como detective privado. Sé que **mi situación es bastante difícil** pero tarde o temprano lo conseguiré pues **soy una luchadora nata.**

Fuerteventura

Mis vecinos me dicen que debería cuidar más mi aspecto físico y **ser un poco más femenina** porque siempre voy vestida con sudadera, pantalones cortos y zapatillas deportivas. Me visto así porque actualmente **estoy de monitora** en un gimnasio; pero también me gusta arreglarme. **Estoy deseando trabajar** como detective para ayudar a la gente que lo necesita.

3. ....

2.1.1. 😊 ABC **¿Qué características son imprescindibles para ser un buen detective privado? Leed los adjetivos que os presentamos a continuación y añadid si es necesario alguno más.**

☐ amable	☐ enigmático	☐ serio	☐ ....
☐ despistado	☐ familiar	☐ simpático	☐ ....
☐ divertido	☐ formal	☐ sociable	☐ ....
☐ educado	☐ independiente	☐ tranquilo	☐ ....
☐ elegante	☐ responsable	☐ versátil	☐ ....

2.1.2. 😊 **Justificad por escrito vuestra elección.**

Ejemplo

Un buen detective privado tiene que ser una persona tranquila porque seguramente se enfrentará a situaciones difíciles y no puede perder los nervios fácilmente…

2.1.3. ¡A debatir! Formamos dos grupos (A) y (B). El grupo A piensa que Jennifer Martínez es la candidata perfecta para ser la socia de Rosa Arreglavidas; y el grupo B cree que debe ser Yaisa Álvarez. Explicad al grupo contrario vuestros argumentos e intentad convencerles de que tenéis razón.

2.2. A continuación vamos a revisar diferentes usos de *ser* y *estar*. Leed con atención las siguientes definiciones y completad los espacios con los ejemplos destacados de los tres textos anteriores.

Ser	Estar
• Para definir y expresar las características generales de personas o cosas.	• Para hablar del estado en el que se encuentra un objeto o ser.

Ser

• Para definir y expresar las características generales de personas o cosas.

Profesión o puesto en una empresa:

1. _____

Descripción de personas:

2. *Soy una mujer alta y fuerte.*

3. _____

4. _____

5. _____

6. _____

7. _____

8. _____

9. _____

10. _____

11. _____

12. _____

Descripción de cosas, situaciones o acciones:

13. *Mi forma de vestir es bastante sobria.*

14. _____

Nacionalidad o procedencia:

15. *Soy del sur de España.*

16. _____

17. _____

Justificarse con *es que*:

18. *Y es que mi profesión exige estas cualidades.*

19. _____

Valoración:

20. *Mi aspecto físico es inmejorable.*

21. _____

22. _____

23. _____

24. _____

Estar

• Para hablar del estado en el que se encuentra un objeto o ser.

Profesión u ocupación temporal:

1. *...estoy de camarera.*

2. _____

Descripción del estado de una persona, objeto o ser:

3. *...estoy un poco más delgada de lo habitual.*

4. _____

5. _____

6. _____

7. _____

***Estar* + gerundio:**

8. *...estoy buscando trabajo de detective.*

9. _____

10. _____

> Estoy de monitora en un gimnasio.

2.2.1. 😊😊 ⚠ **Ahora intercambiad el cuadro con la pareja de al lado. ¿Habéis coincidido? Si no es así, comprobad juntos el resultado.**

2.3. 😊 ⚠ **Completa el siguiente texto con *ser* o *estar* y podrás saber quién será la socia de Rosa Arreglavidas.**

¡Buf! ¡Qué difícil **(1)** *(es/está)*..................... tomar una decisión tan importante! ¡Y **(2)** *(es/está)*..................... que las dos candidatas **(3)** *(son/están)*..................... tan agradables! **(4)** *(Soy/estoy)*..................... leyendo por décima vez sus anuncios y todavía no sé por quién decidirme. La primera vez que los leí pensaba que la mejor candidata **(5)** *(sería/estaría)* .... Jennifer porque me gustan las personas que **(6)** *(son/están)*..................... inquietas, y que sienten curiosidad por las cosas nuevas. Lo que menos me gusta de ella **(7)** *(es/está)*..................... su apariencia superficial. Ya sé que se trata simplemente de una apariencia pero **(8)** *(es/está)*..................... que yo **(9)** *(soy/estoy)*..................... totalmente diferente y esto podría **(10)** *(ser/estar)* .... un motivo de discusión.

Yaisa **(11)** *(es/está)*..................... muy distinta a Jennifer y más parecida a mí. Cuando yo **(12)** *(era/estaba)*..................... más joven y estudiaba en la universidad, **(13)** *(fui/estuve)* .... un año trabajando en un gimnasio para ganar dinero y poder costearme mis estudios. Al terminar necesitaba un cambio y decidí irme dos meses a las islas Canarias. ¡Qué simpáticos **(14)** *(eran/estaban)* .... los isleños! Me gusta su amabilidad y tranquilidad, aunque yo me enamoré de un chico que casi siempre **(15)** *(era/estaba)* .... nervioso. Pero eso no **(16)** *(es/está)* .... lo habitual…

Bueno, creo que no me lo voy a pensar más. **(17)** *(Soy/estoy)*..................... segura de que Yaisa **(18)** *(será/estará)*..................... la socia perfecta y formaremos un magnífico equipo.

2.3.1. 😊 😊 [15] **Escucha y comprueba tus respuestas.**

2.4. 😊😊 😊 **¿Has tenido que tomar alguna vez una decisión muy difícil? Intenta averiguar por medio de preguntas la situación más difícil a la que tus compañeros se han tenido que enfrentar. Aquí tienes algunas preguntas que puedes hacer. Añade otras.**

¿Fue hace mucho tiempo? ....

¿Dónde estabas? ....

¿Por qué te sucedió? ....

¿Estabas solo o acompañado? ....

....

3 ¡Cuántas diferencias!

3.1. 😊 😊 [16] **Escucha con atención los siguientes diálogos y di en qué lugar están los interlocutores.**

Diálogo 1 ⟹ Están en una tienda de ropa.   Diálogo 6 ⟹ ....

Diálogo 2 ⟹ ....   Diálogo 7 ⟹ ....

Diálogo 3 ⟹ ....   Diálogo 8 ⟹ ....

Diálogo 4 ⟹ ....   Diálogo 9 ⟹ ....

Diálogo 5 ⟹ ....   Diálogo 10 ⟹ ....

3.1.1. 😊 😊 [16] **Escucha de nuevo y señala en las frases a qué diálogo pertenecen.**

☐ ¡Están carísimos!
☐ Es de día.
☐ ¡Es mi camisa!
☐ ¿Es de algodón?
☐ ¡Es de noche!

☐ Hoy es 10 de septiembre.
☐ Es muy importante.
☐ Estamos a 6 de julio.
☐ Estamos en Cádiz.

☐ Está claro.
☐ Son tres euros.
☐ En este colegio son hoy las pruebas de Selectividad.

3.1.2. 😃 ⚠ **Fíjate en este cuadro donde se amplían los usos de *ser* y *estar*. Lee de nuevo las frases anteriores y escribe debajo de cada función la frase adecuada de los diálogos.**

Ser	Estar
Para expresar las partes del día (de día, de noche, de madrugada) y fechas:	**Para expresar la fecha, el día en el que nos encontramos:**
1. *...aquí ya es de noche/...Pues aquí es de día/...hoy es 10 de septiembre.*	1. [_____]
Lugar de celebración de un acto o evento:	**Para expresar el lugar, la situación geográfica de personas o cosas:**
2. [_____]	2. [_____]
Para valorar una situación:	**Para valorar una situación:**
3. [_____]	3. [_____]
Para indicar el material del que está compuesto un objeto:	**Para comparar un estado actual con otro habitual:**
4. [_____]	4. [_____]
Para indicar a quién pertenece un objeto; posesión:	
5. [_____]	
Para expresar el precio total de las cosas:	
6. [_____]	

3.2. 😊 ⚠ **Completa las frases con la forma correcta de *ser* o *estar*.**

1. ¡Qué vergüenza! ¡Ya no se puede comprar fruta porque .... por las nubes!

2. ¡Qué despistado soy! No sé dónde .... Creo que me he perdido.

3. En total, ... seis euros.

4. ¡Qué tarde ¡ ¡Ya .... de noche!

5. ► ¡Qué cansancio! No sé qué día .... hoy.
   ▷ ¡Todos los días dices lo mismo! ....
   a 15 de mayo.

6. ¡................ mío! ¡Siempre te pones mi ropa!

7. Esta chaqueta .... de lana y soy alérgico a la lana.

3.3. 😃 ✋ **Piensa en cinco situaciones como las de la actividad anterior y escribe un diálogo para cada una de ellas. No os olvidéis de introducir al menos seis de los usos de *ser* y *estar* aprendidos en los dos epígrafes de esta unidad; pero tres de esos usos van a ser incorrectos. Intercambiad la redacción con la pareja de al lado y localizad los errores.**

1 Te presentamos tres poemas muy especiales "Los poemas matemáticos". Léelos con atención, completa los espacios en blanco con la palabra que tú creas más adecuada y relaciónalo con un título.

Sumar y restar · Los ordinales · Repartir es compartir

Poema 1	Poema 2	Poema 3
Título:	**Título:**	**Título:** ....
................., ..., pone, quita la señora Manolita.	................., ..., uno para ti y otro para mí.	Orden, señores, orden. ¿Quién va ....? Yo voy segundo
Tome dos peras. Déme dos más. ¿Cuántas ...., Señor Tomás?	Tengo seis caramelos: tres .... y tres .... abuelo.	y usted .... Aquí va cuarto yo me aparto.
De diez que había se fueron tres gatos. ¿Cuántos ...., Señor Honorato?	También tengo diez gallinas: cinco .... y cinco .... vecina.	Ya viene .... luego entra sexto y en un periquete está aquí el resto:
................., ..., pone, quita la señora Manolita.	.... abrazos en un capazo. .... besos de pan con queso. ...., ..., uno para ti y otro para mí.	.... y .... la pava y el pavo. con ellos acabo: noveno y ....

2 Compara los poemas completos con los de tus compañeros. ¿Habéis coincidido? Comprueba si has acertado en tu elección leyendo los poemas en las siguientes páginas web:
Poema 1: http://personal.telefonica.terra.es/web/poesiainfantil/mate22.htm
Poema 2: http://personal.telefonica.terra.es/web/poesiainfantil/mate26.htm
Poema 3: http://personal.telefonica.terra.es/web/poesiainfantil/mate21.htm

3 ¿Os atrevéis a componer un poema? Formad un pequeño equipo de tres o cuatro personas y componed un poema con las palabras que aparecen debajo. Tened en cuenta las siguientes características formales: rima, estrofas, sencillez, frases cortas y... ¡Preparados para componer!

> La fiesta de los números
>
> números de una cifra/aburridos/horas/sin amigos/un buen día/reunión/acabar/situación/ una fiesta/cantaron/bailaron/1/10/juntitos/números de dos cifras/nacieron/aplaudieron

4 Recitad vuestros poemas a los demás compañeros y escoged el que más os gusta. Puedes comprobar cómo es el poema original entrando en la siguiente página: http://personal. telefonica.terra.es/web/poesiainfantil/mate13.htm

1 Clasifica los siguientes adjetivos en el recuadro correspondiente.

> despistado • educado • triste • tranquilo • complicado • sencillo • divertido • romántico
> responsable • serio • versátil • autodidacta • sociable • sonoro • melancólico • sensible • elegante

Para personas	Para poemas	Para personas y poesía

2 ¿Qué podemos expresar con los adjetivos? Escribe cinco usos.

Expresar estados de ánimo,

....

....

3 Di qué funciones de las siguientes se expresan con *ser* y cuáles con *estar*.

	Ser	Estar		Ser	Estar
• Expresar nacionalidad.	☐	☐	• Expresar un precio que cambia.	☐	☐
• Describir rasgos físicos de personas.	☐	☐	• Situación geográfica.	☐	☐
• Profesión u ocupación actual.	☐	☐	• Partes del día.	☐	☐
• Profesión.	☐	☐	• Expresar posesión.	☐	☐
• Formar una perífrasis de gerundio.	☐	☐	• Para justificarse.	☐	☐

4 Escribe el nombre de los tres poetas estudiados en esta unidad y el nombre de uno de sus poemas.

....

5 En esta unidad...

	Sí	Regular	No
a. ...he conocido el mundo de la poesía española e hispanoamericana de una manera muy sencilla.	☐	☐	☐
b. ...he repasado adjetivos que ya conocía y he aprendido otros nuevos de una forma lúdica y entretenida.	☐	☐	☐
c. ...he revisado los usos de *ser* y *estar*, y he aprendido otros nuevos de una manera deductiva.	☐	☐	☐
d. ...la tarea de Internet me ha ayudado a aprender nuevo vocabulario y a usarlo de una manera creativa.	☐	☐	☐
e. ...he practicado la destreza escrita individualmente y en parejas, y me ha ayudado a reflexionar sobre la gramática, las funciones comunicativas del lenguaje y el vocabulario.	☐	☐	☐

6 Explica en pocas líneas qué características formales y de contenido debe tener un poema para ti.

....

....

Unidad 6

¡Viva la música!

Contenidos funcionales
- Expresar probabilidad en el presente, pasado y futuro
- Lamentarse
- Expresar extrañeza
- Expresar preocupación
- Tranquilizar a alguien

Contenidos gramaticales
- Morfología y uso del futuro perfecto
- Contraste entre futuro perfecto, futuro imperfecto y condicional
- Marcadores de probabilidad *(a lo mejor, igual, seguro que…)* + indicativo
- Expresiones para lamentarse: *por qué* + *(no)* + condicional, *deber* (condicional) + infinitivo compuesto, *tener* (condicional) + infinitivo compuesto, *eso (me, te, le…) pasa por* + infinitivo compuesto

Contenidos léxicos
- Acciones habituales
- Vocabulario sobre los concursos de televisión
- Vocabulario referente a las estaciones del año

Contenidos culturales
- La música actual: David Bisbal, Chenoa, Diego Torres

---

1 ¡Quiero ser cantante!

1.1. Observa y lee los diálogos.

"Aviso: señoras y señores, les comunicamos que el grupo Todosauna se retrasará unos minutos. Disculpen las molestias".

▶ No me lo puedo creer. ¡Qué impresentables! ¡Quiero que me devuelvan mi entrada!

▷ ¡No te pongas así! **Habrán tenido** algún problema técnico.

▶ Pero, pero… ¿Dónde estarán los músicos?

▷ **Se habrán ido** de fiesta esta noche y estarán durmiendo todavía.

▶ ¡Qué raro! ¿**Se habrá estropeado** algo?

▷ No creo, las luces parece que funcionan. Probablemente no **habrán llegado** los músicos.

1.1.1. Contesta las siguientes preguntas.

1. ¿A qué momentos se refieren los verbos marcados en negrita?

☐ presente   ☐ pasado   ☐ futuro

2. Las personas que usan los verbos en negrita:

☐ conocen la información.

☐ imaginan, suponen la información.

1.2. ☺ ⚠ Completa el cuadro.

El futuro perfecto

- Este nuevo tiempo se llama **futuro perfecto** y se forma con el futuro imperfecto del verbo [   ] más el [   ] del verbo conjugado.

Yo	habré	
Tú		
Él/ella/usted	habrá	
Nosotros/as	habremos	} + participio **-ado/-ido**
Vosotros/as		
Ellos/ellas/ustedes		

1.2.1. ☺ ✏ Completa con las formas del futuro perfecto.

1. Yo, escuchar: ....
2. Usted, preguntar: ....
3. Nosotros, dormir: ....
4. Tú, querer: ....
5. Él, ir: ....
6. Vosotras, terminar: ....
7. Ellas, empezar: ....
8. Ustedes, oír: ....

1.2.2. ☺☺ ✊ ¿Recuerdas los participios irregulares? Completa el crucigrama con el participio de los verbos en infinitivo y encuentra la palabra secreta.

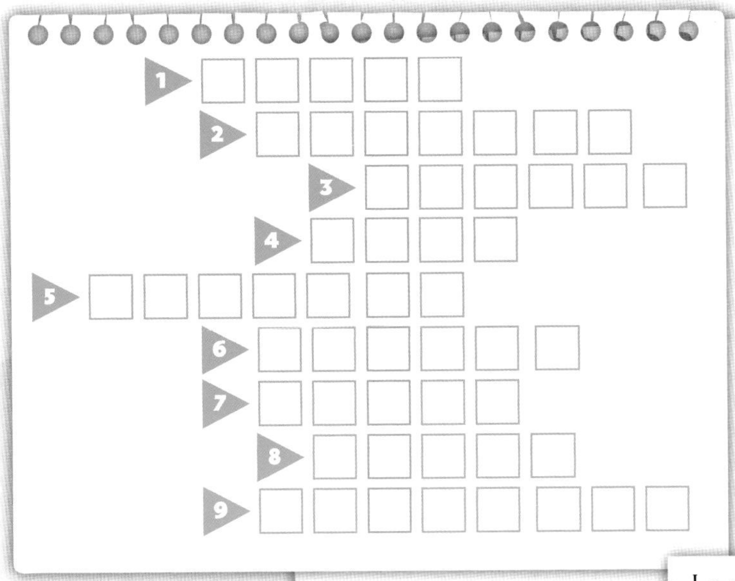

1. hacer
2. abrir
3. poner
4. romper
5. escribir
6. volver
7. ver
8. decir
9. resolver

La palabra secreta es: [ ][ ][ ][ ][ ][ ][ ][ ][ ]

Usos del futuro perfecto

- Usamos el **futuro perfecto** para hablar sobre un momento pasado que suponemos, es decir, para hacer **hipótesis** en el pasado:

    – *Seguramente habrá nevado mucho ayer y por eso no han podido venir hoy al instituto.*

1.3. 😊😜 🗨 **Vamos a hacer hipótesis en el pasado. Aquí tienes diferentes situaciones. Con tu compañero, imaginad lo que habrá pasado.**

Situación 1

Hoy es el cumpleaños de Sara. Son las diez de la noche y su novio todavía no la ha llamado para felicitarla.

Situación 2

Has invitado a tus amigos a una fiesta en tu casa. Hace más de una hora que tendrían que haber llegado.

Situación 3

Pasas por delante de la puerta de un cine y de pronto la gente empieza a salir corriendo y gritando.

Situación 4

Estás en un *camping* con tus amigos. Os habéis levantado esta mañana y no hay absolutamente nadie.

1.4. 😊 ABC **¿Conoces estas palabras? Con tu compañero, escribe su significado. Podéis usar el diccionario.**

1. *casting*: ....
2. concurso: ....
3. experiencia: ....
4. jurado: ....
5. presentador/a: ....
6. productora de televisión: ....
7. programa: ....
8. talento: ....

1.4.1. 👥 🗨 **¿Qué tipo de programa de televisión crees que puede ser en el que se hace un *casting*, hay un jurado y el concursante necesita tener talento?**

1.5. 😊😜 [17] **La productora de televisión Teletele ha realizado un *casting* para seleccionar a un grupo de jóvenes para su nuevo concurso musical Operación Victoria. Escucha las opiniones de tres miembros del jurado y marca la opción correcta.**

OPERACIÓN VICTORIA

	Lo saben, lo afirman	Lo suponen, lo imaginan
1. El participante número 1 está un poco verde.	☒	☐
2. El participante número 8 lo ha hecho bastante bien.	☐	☐
3. La participante número 2 no ha dormido nada.	☐	☐
4. La participante número 3 ha estudiado canto.	☐	☐
5. El participante número 7 ha salido de fiesta esta noche.	☐	☐
6. El participante número 4 se ha olvidado de la letra.	☐	☐
7. El participante número 4 se ha puesto nervioso.	☐	☐

1.6. 😊😜 [18] **David, Rosa y Álex son tres de los participantes del concurso Operación Victoria que han pasado el *casting*. Están muy contentos. Escucha el diálogo que han mantenido y marca la opción correcta.**

1. David dice que dentro de cinco años:

☐ **a. habrá conseguido** dos o tres discos de oro.

☐ **b. habrá conseguido** tres discos de oro.

CONTINÚA ▶▶

2. David dice que:

- [ ] **a. habrá ganado** un Grammy al mejor artista del año.
- [ ] **b. habrá ganado** un Grammy al artista revelación del año.

3. Rosa dice que:

- [ ] **a. habrá ganado** el festival de Eurovisión.
- [ ] **b. habrá salido** en televisión.

4. Álex dice que:

- [ ] **a.** lo **habrán besado** miles de chicas.
- [ ] **b.** lo **habrán besado** millones de chicas.

5. Álex dice que:

- [ ] **a. habrá gastado** mucho dinero.
- [ ] **b. habrá ganado** mucho dinero.

1.6.1. 😊 ⚠️ **Contesta las siguientes preguntas:**

1.) ¿A qué momento se refieren los verbos marcados en negrita?

[ ] presente   [ ] pasado   [ ] futuro

2.) Las personas que usan los verbos en negrita:

[ ] hablan de acciones futuras anteriores a otro momento futuro.

[ ] hablan de acciones futuras posteriores a otro momento futuro.

Usos del futuro perfecto (II)

- Usamos el **futuro perfecto** para hablar de una acción futura anterior a un momento también futuro:

  – *Dentro de varios años habré viajado por todo el mundo y habré conocido a un montón de gente interesante.*

PORTFOLIO DOSSIER

1.6.2. 😜😜 💬 **David, Álex y Rosa han hablado del futuro y de lo que habrán hecho dentro de cinco años. Y tú, ¿piensas en el futuro? Habla con tu compañero y cuéntale lo que habrás hecho de aquí a cinco años. Explicádselo después al resto de la clase.**

1.7. 👥 💬 **¿Te gustaría presentarte a un *casting*? ¿De qué tipo? ¿Qué piensas de este tipo de programas? ¿Crees que son una oportunidad para la gente con talento?**

2 Qué será, será

2.1. 😜 ✏️ **Estos son David Bisbal y Chenoa, dos chicos que participaron en un programa de televisión llamado Operación Triunfo. Ahora, son cantantes, han grabado muchos discos y han dado muchos conciertos. Haz conjeturas con tu compañero sobre cómo será un día en su vida.**

🔊 Recuerda: usamos el **futuro imperfecto** para hablar de cosas del presente o del futuro de las que no estamos seguros.

Chenoa | *David Bisbal*

Se levantará a las...

2.1.1. 😊😊 [19] **Escucha a David Bisbal y anota lo que dice. Comparad con vuestras hipótesis anteriores. ¿Habéis acertado?**

2.2. 😊😊 [20] **En el concurso Operación Victoria los participantes aprenden a cantar y a bailar. Es el turno de Álex y va a cantar una canción del argentino Diego Torres, *Qué será*. Escucha y completa.**

Pueblo mío que estás en la colina
tendido como un viejo que se muere.
La pena y el abandono son tu triste compañía,
pueblo mío, te dejo sin alegría.
Ya mis amigos se fueron casi todos
y los otros (1) .... después que yo,
lo siento porque amaba su agradable compañía,
mas es mi vida y tengo que marchar.

Qué (2) ...., qué (3) ...., qué será,
qué será de mi vida, qué será.
Si sé mucho o no sé nada,
ya mañana se (4) ....,
y será, será lo que (5) ....

Amor mío, me llevo tu sonrisa
que fue la fuente de mi amor primero.
Amor, te lo prometo,
cómo y cuándo no lo sé,
mas sé tan solo que (6) ....

Qué será, qué será, qué será,
qué (7) .... de mi vida, qué será.
Si sé mucho o no sé nada,
ya mañana se (8) ....,
y será, será lo que (9) ....
Y en la noche mi guitarra
dulcemente (10) ....,
y una niña de mi pueblo (11) ....

2.2.1. 😊😊 **Contesta las preguntas.**

a. ¿Por qué crees que el chico se va del pueblo?

b. ¿Adónde crees que irá y qué hará?

2.2.2. 😊 ✏ **¿Y tu futuro, cómo será? ¿Vivirás en la misma ciudad? ¿A qué te dedicarás? Escribe una redacción sobre cómo imaginas tu vida dentro de 20 años.**

3 Un mundo sin música

3.1. 😊 📖 **La música siempre ha tenido un papel importante en la vida y en la cultura. ¿Te imaginas un mundo sin música? Lee estas opiniones que algunos jóvenes han escrito en un *chat* en Internet.**

Foro de música

música.es

Juanita

La música es superimportante. Somos muchos los jóvenes que nos identificamos con alguna canción (la letra, la música, el videoclip), incluso tratamos de copiar la forma de vestir de algún cantante. La música es alegría, melancolía, emotividad... En un mundo sin música no tendríamos recuerdos. Las parejas no se emocionarían al volver a escuchar la canción con la que se dieron su primer beso. No sé, el mundo sería triste, aburrido.

Responder ◄

CONTINÚA ▶

Foro de música

Nicolás

Es imposible imaginarse un mundo sin música. La música es la historia, es una foto de la sociedad que refleja la forma de pensar de las personas, sus creencias, sus peticiones, sus protestas. En un mundo sin música seríamos entes menos inteligentes, seríamos autómatas.

Responder ◄

Jaime

Yo creo que la música es el lenguaje del alma, el agua de nuestro cuerpo, el olor de las nubes. Un mundo sin música no tendría color. En un mundo sin música las películas de terror darían menos miedo; no podríamos pensar en una banda sonora para enamorarnos de alguien; no volaríamos en sueños. ¿Qué sería del mundo sin la música? Yo no querría vivir en él.

Responder ◄

3.1.1. ☺ 🖉 **Responde verdadero o falso y justifica tu respuesta.**

	Verdadero	Falso
1. Juanita dice que los jóvenes intentan vestir como los cantantes.	☐	☐
2. Juanita afirma que la música es sentimiento.	☐	☐
3. Nicolás cree que la música no refleja el modo de vida de las personas.	☐	☐
4. Nicolás asegura que sin música los humanos seríamos robots.	☐	☐
5. Jaime dice que el mundo sin música sería en blanco y negro.	☐	☐
6. A Jaime no le importaría vivir en un mundo sin música.	☐	☐

3.2. ☺ ⚠ **Subraya en el texto los verbos que no están en presente o pasado y contesta las preguntas.**

a.) ¿Recuerdas cómo se llama este tiempo?

b.) A qué momento se refieren los verbos?

☐ presente   ☐ pasado

c.) Ese momento es:

☐ real   ☐ irreal

3.2.1. ☺ ⚠ **Completa con las opciones anteriores.**

Usos del [   ]

• Usamos el [   ] para hablar de un momento [   ]. Ese momento presente no representa la realidad. Es un presente [   ].

▶ *Sin árboles, la atmósfera se **volvería** irrespirable.*

• También se usa este tiempo para hacer hipótesis sobre el pasado:

▶ ***Anoche** te llamé por teléfono y comunicaba todo el rato.*

▷ ***Estaría** mi hermana hablando con su novio.*

• Además, en combinación con el pasado, expresa un momento posterior a este pasado:

▶ *Me dijo que **vendría** mañana.*

3.3. ☺☺ ⚠ **En español existen muchas expresiones para hacer conjeturas, además del futuro imperfecto, el futuro perfecto y el condicional. De las expresiones que tienes a continuación, tres de ellas se usan para expresar hipótesis. ¿Sabes cuáles son? Subráyalas y escribe un ejemplo con cada una de ellas.**

☐ **1.** *Seguro que* + indicativo   ☐ **3.** *Opino que* + indicativo   ☐ **5.** *Hay que* + infinitivo

☐ **2.** *Puedes* + infinitivo   ☐ **4.** *Igual* + indicativo   ☐ **6.** *Me imagino que* + indicativo

3.3.1. 😊 😰 [21] **Las expresiones que se utilizan para expresar conjeturas no son completamente sinónimas pues el grado de probabilidad de la hipótesis varía, según se utilice una u otra expresión. Escucha los siguientes diálogos y clasifica las expresiones que has elegido en 3.3. en su lugar correspondiente del cuadro. Fíjate bien en la actitud de la persona que responde.**

Hacer conjeturas

- **Probabilidad alta:**

  – _____ *que*
  – *Me parece que* + indicativo
  – *Creo que*

- **Probabilidad media:**

  – *Seguramente*
  – *Supongo que* + indicativo
  – _____

- **Probabilidad baja:**

  – *A lo mejor*
  – _____ + indicativo

3.4. 😊😊 🗨️ **Y tú, ¿te imaginas un mundo sin música? Habla con tu compañero y pensad en qué haríamos las personas si no existiera la música. Compartid vuestras opiniones con el resto de la clase y utilizad las expresiones que habéis aprendido para hacer hipótesis.**

3.5. 😊 📖 **Elige la frase que mejor representa la situación de la ilustración.**

- ☐ **1.** ¡Por qué no hablaría con ella! Así no me habría dejado.
- ☐ **2.** ¡Debería haber estudiado antes! Mi madre me lo advirtió.
- ☐ **3.** Tendría que haber ahorrado el dinero de la paga. Así me iría ahora de vacaciones contigo.
- ☐ **4.** Ahora me han castigado sin salir. Eso me pasa por haberme portado tan mal con mi hermana.

3.5.1. 😊 ⚠️ **Todas las frases anteriores tienen una característica común: con ellas, el hablante se lamenta de algo que ha ocurrido y que ya no tiene solución. Léelas de nuevo, completa las estructuras y coloca las frases en su lugar correspondiente.**

Lamentarse

- ¡*Por qué* + (*no*)+ _____ !
  – _____

- _____ (condicional) + *que* + infinitivo compuesto.
  – _____

- _____ (condicional) + infinitivo compuesto.
  – _____

- _____ + pronombre (*me, te, le...*) + *pasa por* + infinitivo compuesto.
  – _____

3.6. 😊😊 ✏️ **Con tu compañero, escribid diálogos para las siguientes situaciones. Usad las estructuras para lamentarse que habéis aprendido.**

1. Has ido a mirar las notas y has supendido español.
2. Anoche dejaste tu bicicleta atada a un árbol y ya no está.
3. Esta tarde has merendado con tus amigos y ahora te duele muchísimo el estómago.

4 ¡Qué raro!

4.1. 🙂 ⚠️ **Completa los diálogos con el verbo correcto: futuro imperfecto, futuro perfecto o condicional.**

1. »» *(Riing, riing)* ¡Qué raro! ¿Quién *(llamar)* .... a estas horas?
   »» *(Ser)* .... tu madre, como siempre.

2. »» ¿Qué le habrá pasado a Lucas? Hace rato que lo llamo al móvil y no contesta.
   »» No te preocupes, *(salir, él)* .... y *(olvidarse, él)* .... el móvil.

3. »» Oye, ¿qué le pasaba ayer a Ignacio que estaba tan serio?
   »» No sé, *(enfadarse, él)* .... con Marta, siempre están discutiendo.

4. »» ¿Has visto mi reloj? Me lo he quitado esta mañana y ahora no lo encuentro.
   »» Lo *(dejar, tú)* .... en la mesa o en el cajón de la mesita.
   »» No, allí no está. Y es un regalo de mis padres.
   »» Tranquila, *(aparecer)* .... en cualquier momento.

5. »» ¡Qué raro! Hace un mes que entregué el trabajo sobre el medioambiente y el profe todavía no me ha dado la nota. ¿Qué pasará?
   »» No pasará nada, hombre. Todavía no *(terminar, él)* .... de corregirlos todos.

6. »» ¿Sabes una cosa? Ayer vi a Mónica y no me saludó.
   »» Bueno, mujer, no *(ver, a ti)* .... , ya sabes que es muy despistada.

> Hace rato que lo llamo al móvil y no contesta.

4.1.1. 😎 ⚠️ **En los diálogos anteriores aparecen algunas expresiones que usamos para expresar extrañeza o preocupación y para tranquilizar a alguien. Localizadlas y completad el cuadro.**

Expresar extrañeza y preocupación. Tranquilizar a alguien

• Para expresar extrañeza:	• Para expresar preocupación:	• Para tranquilizar a alguien:
– ¡Qué extraño!	– ¿Le/les pasará algo?	– Bueno, mujer/hombre…
–	–	–
	–	–
		–

4.2. 😎🗨️ **Elabora con tu compañero pequeños diálogos expresando extrañeza o preocupación. Seguid las instrucciones.**

1. Tu amigo Carlos te ha dejado varios mensajes en el móvil. Siempre dice "Llámame, es urgente".

2. Vuestra amiga Sonia se enfadó el otro día con vosotros y no sabéis por qué. Tu amigo está extrañado.

3. Hace media hora que estáis esperando a dos amigos y no vienen.

4. Habéis ido a casa de una amiga y no os abre la puerta, pero hay luz.

1. A tu compañero, Carlos le ha dejado varios mensajes en el móvil. Siempre dice "Llámame, es urgente". Tu compañero está preocupado.

2. Vuestra amiga Sonia se enfadó el otro día con vosotros y no sabéis por qué.

3. Hace media hora que estáis esperando a dos amigos y no vienen.

4. Habéis ido a casa de una amiga y no os abre la puerta, pero hay luz.

1 En el epígrafe 2 aparece David Bisbal. Vamos a conocerlo mejor. Esta es su web oficial http://www.davidbisbal.com/multimedia/, entra en ella, sección **BIOGRAFÍA**, y contesta las preguntas.

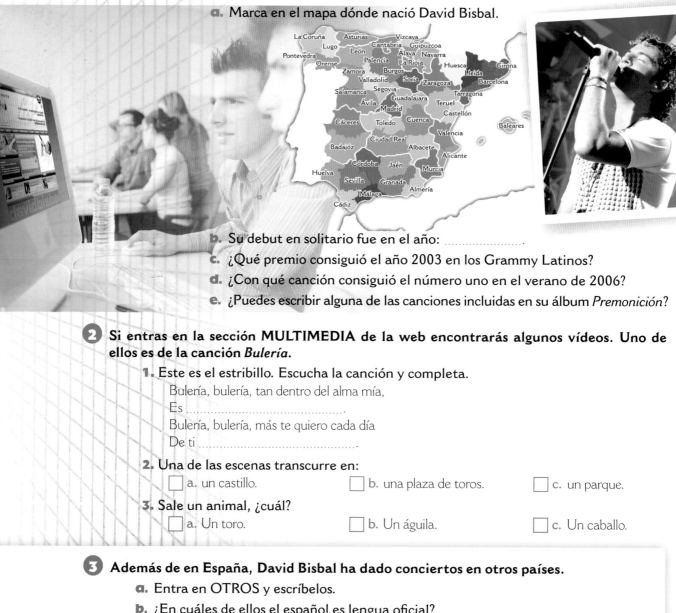

a. Marca en el mapa dónde nació David Bisbal.

b. Su debut en solitario fue en el año: ....

c. ¿Qué premio consiguió el año 2003 en los Grammy Latinos?

d. ¿Con qué canción consiguió el número uno en el verano de 2006?

e. ¿Puedes escribir alguna de las canciones incluidas en su álbum *Premonición*?

2 Si entras en la sección **MULTIMEDIA** de la web encontrarás algunos vídeos. Uno de ellos es de la canción *Bulería*.

1. Este es el estribillo. Escucha la canción y completa.

Bulería, bulería, tan dentro del alma mía,
Es ....
Bulería, bulería, más te quiero cada día
De ti ....

2. Una de las escenas transcurre en:

☐ a. un castillo. ☐ b. una plaza de toros. ☐ c. un parque.

3. Sale un animal, ¿cuál?

☐ a. Un toro. ☐ b. Un águila. ☐ c. Un caballo.

3 Además de en España, David Bisbal ha dado conciertos en otros países.

a. Entra en OTROS y escríbelos.

b. ¿En cuáles de ellos el español es lengua oficial?

4 David Bisbal participó en un *spot* publicitario para Telecinco, una cadena de televisión en España. El *spot* pertenece a una campaña solidaria llamada 12 meses, 12 causas. ¿Cuál es el mensaje del anuncio?

1 ¿Puedes decir qué tiempo nuevo has aprendido en esta unidad?

....

2 ¿Puedes decir con qué tiempos verbales hacemos hipótesis?

....

3 ¿A qué momento nos referimos cuando usamos el futuro perfecto para hacer hipótesis?

....

4 ¿A qué momento nos referimos cuando usamos el futuro imperfecto para hacer hipótesis?

....

5 ¿A qué momento nos referimos cuando usamos el condicional para hacer hipótesis?

....

6 ¿Qué otras expresiones podemos usar para hacer hipótesis?

....

....

7 ¿Para qué usamos también el futuro perfecto?

....

8 ¿Para qué usamos también el condicional?

....

9 ¿Puedes recordar las expresiones que usamos para lamentarnos?

....

....

10 En esta unidad has realizado varias audiciones. Relaciona cada situación con el tipo de información que debes obtener en cada caso. ¿Crees que en todos los casos se escucha de la misma manera?

	Obtener información detallada	Obtener información global	Obtener información selectiva (datos)
1. Recoger un encargo por teléfono.	☐	☐	☐
2. Escuchar una canción.	☐	☐	☐
3. Escuchar noticias en la televisión.	☐	☐	☐
4. Escuchar una historia.	☐	☐	☐
5. Escuchar a tus compañeros en un trabajo de grupo.	☐	☐	☐
6. Oír la información en un aeropuerto.	☐	☐	☐

Unidad

7

¡Que disfrutes de la naturaleza!

Contenidos funcionales
- Expresar deseos

Contenidos gramaticales
- Presente de subjuntivo: morfología regular e irregular
  - Ojalá
  - Espero que…
  - Deseo que…
  - Quiero que…

Contenidos léxicos
- Léxico de ecología y medioambiente

Contenidos culturales
- Ecología y medioambiente
- Parques naturales en España: las islas atlánticas

---

1 Tengo el corazón roto

1.1. ☺ ⚠ Fíjate en los siguientes globos y relaciona cada tiempo verbal con su forma.

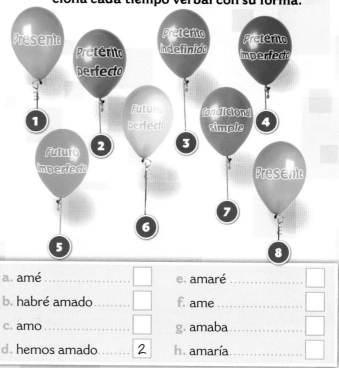

a. amé .... ☐	**e.** amaré .... ☐
b. habré amado .... ☐	**f.** ame .... ☐
c. amo .... ☐	**g.** amaba .... ☐
d. hemos amado 2	**h.** amaría .... ☐

1.1.1. ☺ ⚠ En el ejercicio anterior aparecen dos formas de presente. Localízalas y escribe cada una en su espacio correspondiente.

a. Modo indicativo ..... ☐

b. Modo subjuntivo .... ☐

1.2. ☺☺ A🅑© Vas a escuchar a dos adolescentes, Mario y Paula, que hablan de cómo sienten el amor. En la grabación aparecen algunas expresiones relacionadas con este sentimiento. Con tu compañero, busca la palabra clave de cada una en el diccionario y luego, defínelas. Entre toda la clase y con la ayuda del profesor, llegad a una definición común.

PORTFOLIO DOSSIER

1. Tener el corazón roto.
2. Ser el hombre/la mujer de mi vida.
3. Caer rendido a los pies de alguien.
4. Estar eufórico.
5. No hacer ni caso a alguien.
6. Estar desequilibrado.
7. Las malas lenguas.
8. Ser un hombre/una mujer de hielo.
9. Mirar a alguien descaradamente.
10. Enamorarse a primera vista.

1.2.1. ☺ ☺ [22] **Ahora escucha la grabación. En cada texto predomina un modo verbal, presta especial atención a las formas utilizadas y escribe el número de texto debajo de la columna correspondiente.**

a. Modo indicativo .... Texto n.° [ ]

b. Modo subjuntivo .... Texto n.° [ ]

1.2.2. ☺☺ ☺ [22] **Volved a escuchar los textos y localizad las cinco formas de presente de subjuntivo que aparecen. Escribe al lado de cada una de ellas el infinitivo correspondiente.**

Ejemplo

1. *Quiero que la gente me vea.* ....)))))) .... *ver* ....

2. ....)))))) ....

3. ....)))))) ....

4. ....)))))) ....

5. ....)))))) ....

1.3. ☺ 🖌 **A continuación tienes el cuadro de formación del presente de subjuntivo. Completa los espacios en blanco. Fíjate en las formas irregulares del presente de indicativo que aparecen al lado de las formas irregulares del presente de subjuntivo.**

Presente de subjuntivo regular

	VERBOS EN -AR HABLAR	VERBOS EN -ER BEBER	VERBOS EN -IR VIVIR
Yo	habl**e**	beb[ ]	viv**a**
Tú	habl[ ]	beb**as**	viv**as**
Él/ella/usted	habl**e**	beb**a**	viv[ ]
Nosotros/as	habl**emos**	beb[ ]	viv**amos**
Vosotros/as	habl[ ]	beb**áis**	viv[ ]
Ellos/ellas/ustedes	habl**en**	beb[ ]	viv**an**

Presente de subjuntivo irregular

Irregularidades vocálicas

O>UE SOÑAR		E>IE PENSAR		E>IE PEDIR	
sueño	sueñe	pienso	piense	pido	pid[ ]
sueñas	sueñ[ ]	piensas	pienses	pides	pidas
sueña	sueñe	piensa	piens[ ]	pide	pida
soñamos	soñemos	pensamos	pensemos	pedimos	pid[ ]
soñáis	soñ[ ]	pensáis	penséis	pedís	pidáis
sueñan	sueñen	piensan	piens[ ]	piden	pidan

CONTINÚA))))

Presente de subjuntivo irregular

Irregularidades consonánticas

- **Irregularidades de primera persona singular:**

SALIR		TENER		CONOCER	
salgo	**salga**	tengo	**tenga**	conozco	**conozc**☐
sales	**salg**☐	tienes	**tengas**	conoces	**conozcas**
sale	**salga**	tiene	**tenga**	conoce	**conozc**☐
salimos	**salgamos**	tenemos	**teng**☐	conocemos	**conozcamos**
salís	**salg**☐	tenéis	**tengáis**	conocéis	**conozcáis**
salen	**salgan**	tienen	**teng**☐	conocen	**conozcan**

- **Irregularidades propias:**

SER		HABER		DAR	
soy	**sea**	he	☐	doy	**dé**
eres	**seas**	has	**hayas**	das	☐
es	☐	ha	**haya**	da	**dé**
somos	**seamos**	hemos	**hayamos**	damos	☐
sois	**seáis**	habéis	☐	dais	**deis**
son	☐	han	**hayan**	dan	**den**

IR		SABER	
voy	**vaya**	sé	**sepa**
vas	☐	sabes	**sepas**
va	☐	sabe	**sepa**
vamos	**vayamos**	sabemos	☐
vais	**vayáis**	sabéis	☐
van	**vayan**	saben	**sepan**

- **Otras irregularidades:**

I>Y

CONSTRUIR	
construyo	**construy**☐
construyes	**construyas**
construye	**construya**
construimos	**construyamos**
construís	**construyáis**
construyen	**construy**☐

1.3.1. 😊 ⚠ Discute con tu compañero si las siguientes formas verbales pertenecen al presente de indicativo o de subjuntivo; identificadlas y completad la otra columna con la forma correspondiente a la misma persona.

	Indicativo	Subjuntivo			Indicativo	Subjuntivo
1. pueda...........	puedo/puede	X		4. beba.............		
2. quiero				5. traigan		
3. hablamos				6. dan		

CONTINÚA ▶▶

	Indicativo	Subjuntivo			Indicativo	Subjuntivo
7. piensen				12. sabemos.......		
8. vivís				13. como		
9. sales.............				14. rompas.........		
10. tengáis				15. conoce........		
11. construyes ...				16. sois		

1.4. Piensa en las veces que te has enamorado. ¿Eres del tipo "corazón roto" o del tipo "corazón de hielo"? Cuenta alguna de tus experiencias. Tus compañeros te preguntarán y tomarán notas.

···●··· Día en que os conocisteis.
···●··· Hora/clima de ese día.
···●··· Ropa que llevabais.

···●··· Aspecto físico de tu enamorado/a.
···●··· Lugar del encuentro
··●··· ....

1.4.1. ¿Qué historia te ha conmovido más? Escríbela.

2 Que te mejores

2.1. Lee atentamente los siguientes diálogos, fíjate en las expresiones en negrita e identifica sus usos relacionándolos con las opciones de la columna que aparece en la página siguiente.

1.
> ¿Diga?
> ¡Hola, soy Alberto! ¿Podría hablar con María, por favor?
> Lo siento, María está en cama. Tiene mucha fiebre. ¿Quieres que le deje algún recado?
> Sí, dile **que se mejore** y que la volveré a llamar para saber cómo se encuentra.
> De acuerdo, así lo haré. Muchas gracias…

2.
> ¿Por qué hablas así? ¡No te entiendo!
> Perdona, es que este bocadillo de jamón está buenísimo y no me puedo resistir.
> ¡Pues **que aproveche**!
> ¡Gracias!

3.
> ¡Qué buena pinta tiene esta tarta de chocolate!
> ¡Pero antes de probarla tienes que soplar todas las velas!
> ¡Muchas felicidades! ¡**Que cumplas muchos más**!
> ¡Muchas gracias! ¡Ahora ya podemos empezar a comer!

4.
> ¡Qué nervios! ¡Mañana empiezan mis vacaciones!
> ¿Qué vas a hacer?
> ¡Me voy todo el mes a Vietnam con mi familia!
> ¡Qué suerte! ¡**Que tengáis buen viaje**!
> Muchas gracias.

CONTINÚA ▶▶

5. > Mañana tengo el examen final de Historia del Arte y todavía no he empezado a estudiar. Me voy a encerrar en mi habitación toda la tarde porque tengo que aprobarlo.

> ¡Pues menudo plan! ¡**Que te sea leve**! Yo me voy a la playa.

> ¡Gracias por los ánimos!

6. > ¡Qué tarde es! Me voy porque mañana me tengo que levantar muy temprano.

> Yo me quedo, quiero ver el final de la peli.

> Mañana me lo cuentas. ¡Hasta mañana!

> ¡**Que sueñes con los angelitos**!

7. > Esta tarde hemos quedado en casa de Marta para ver la final de la liga en su casa. ¿Te vienes?

> ¡Qué pena! No puedo ir porque ya he quedado. ¡**Que lo paséis muy bien**!

> ¡Gracias!

8. > ¿Qué vas a hacer mañana por la mañana?

> Voy de compras con mi madre. La próxima semana es la boda de mi hermana y Alberto y todavía no me he comprado nada.

> ¿En serio? ¡No lo sabía! ¡**Que sean muy felices**!

a. A alguien que está comiendo o va a comer................. ☐

b. A alguien que se va a casar. .... ☐

c. A alguien que cumple años................................... ☐

d. A alguien que va a vivir una experiencia emocionante. ... ☐

e. A alguien que está enfermo.................................. ☐

f. A alguien que tiene que hacer algo que no le apetece. ... ☐

g. A alguien que se va de viaje................................. ☐

h. A alguien que se va a dormir................................ ☐

2.1.1. 😊 ⚠ **Completa y escribe un ejemplo.**

Expresar deseos dirigidos a otra persona

> • Para expresar deseos dirigidos a otras personas, podemos usar ⬚ + ⬚ .

– ⬚

2.2. 😊 ⚠ **En español existen varias formas de expresar deseos. Fíjate en las estructuras que se señalan y completa los ejemplos con el verbo que te ofrecemos en infinitivo.**

Expresar deseos

> • *Que* + **verbo en subjuntivo:**

– *Que te (ir)* ⬚ *muy bien.*

– *Que lo (pasar, vosotros)* ⬚ *muy bien.*

• *Ojalá* + **subjuntivo:**

– *Ojalá (aprobar, ellos)* ⬚ *el examen.*

– *Ojalá nos (tocar)* ⬚ *la lotería estas Navidades.*

CONTINÚA ⟫

• **Verbo de deseo + subjuntivo/infinitivo:**

a. El verbo subordinado aparece en subjuntivo si el sujeto es diferente:

Mi madre (sujeto 1) *quiere* (v. de deseo) *que (yo)* (sujeto 2) *ordene* (v. en subjuntivo) *mi cuarto.*

– *Espero que (disfrutar, vosotros)* ⬚ *de las vacaciones.*

– *Deseamos que nos (cantar, tú)* ⬚ *tu última canción.*

b. El verbo subordinado aparece en infinitivo si el sujeto es el mismo:

Mi madre (sujeto único) *quiere* (v. de deseo) *ordenar* (v. en infinitivo) *su cuarto.*

– *Queremos (escuchar, nosotros)* ⬚ *el nuevo álbum de David Bisbal.*

2.3. 😊 🔺 **Carlos está estudiando inglés en Irlanda. Hoy ha escrito este correo a su amiga Pilar.**

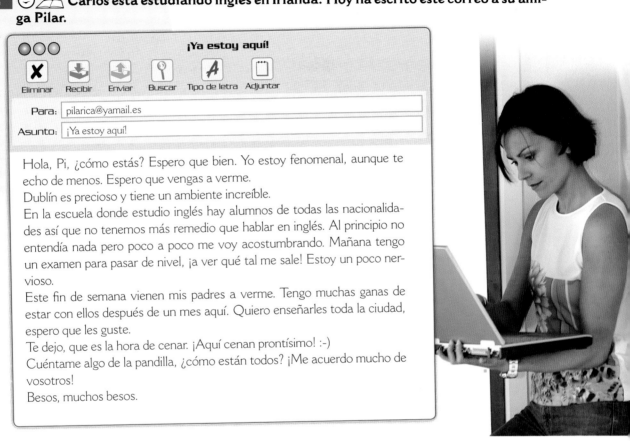

¡Ya estoy aquí!

Eliminar   Recibir   Enviar   Buscar   Tipo de letra   Adjuntar

Para: pilarica@yamail.es

Asunto: ¡Ya estoy aquí!

Hola, Pi, ¿cómo estás? Espero que bien. Yo estoy fenomenal, aunque te echo de menos. Espero que vengas a verme.
Dublín es precioso y tiene un ambiente increíble.
En la escuela donde estudio inglés hay alumnos de todas las nacionalidades así que no tenemos más remedio que hablar en inglés. Al principio no entendía nada pero poco a poco me voy acostumbrando. Mañana tengo un examen para pasar de nivel, ¡a ver qué tal me sale! Estoy un poco nervioso.
Este fin de semana vienen mis padres a verme. Tengo muchas ganas de estar con ellos después de un mes aquí. Quiero enseñarles toda la ciudad, espero que les guste.
Te dejo, que es la hora de cenar. ¡Aquí cenan prontísimo! :-)
Cuéntame algo de la pandilla, ¿cómo están todos? ¡Me acuerdo mucho de vosotros!
Besos, muchos besos.

2.3.1. 😊 ✏️ **Imagina que eres Pilar. Contesta al e-mail de Carlos expresando tus deseos.**

2.4. 😊😊 ✍️ **Escribe con tu compañero dos diálogos eligiendo dos de estas situaciones. Recuerda utilizar las formas para expresar deseos que has aprendido. Luego, representadlos ante el resto de la clase.**

☐ **1.** Es el cumpleaños de tu compañero y tú no lo sabías.

☐ **2.** Es muy tarde. Tus padres no te dejan llegar a casa más tarde de las 23.00 h.

☐ **3.** Cuando llegas a clase, la profesora no ha venido. Está enferma.

☐ **4.** Mañana sales de viaje hacia Australia. Estás muy nervioso.

¡Lo más natural!

3.1. 😊 AB³ Relaciona las siguientes definiciones con el nombre y la foto adecuados.

	Definición	Imagen
1. Viento muy violento que puede ocasionar destrozos humanos y materiales.	d	A
2. Consecuencia trágica derivada del exceso de lluvia.	☐	☐
3. Falta de lluvia que ocasiona la sequedad en los campos y la disminución o desaparición de las corrientes de agua.	☐	☐
4. Fuego que puede destruir bosques, edificios o mercancías almacenadas.	☐	☐
5. Residuos gaseosos procedentes de la industria con efectos contaminantes.	☐	☐
6. Material que es producto de las actividades humanas y que se necesita eliminar. ...	☐	☐

a. sequía

b. gases contaminantes

c. basura

d. huracán

e. incendio

f. inundación

3.1.1. 👥 🗨 Discute con tus compañeros cuáles de los desastres anteriores son consecuencia de la naturaleza, de la intervención humana o de ambos.

> Las inundaciones se pueden producir por un exceso de lluvia o también por un fallo humano. Por ejemplo, si una persona deja un grifo abierto y se va de casa, se puede producir una inundación.

> Los transportes contaminantes como los autobuses, coches, motos... son perjudiciales para el medioambiente, pero otro tipo de transportes que no contaminan como la bicicleta no dañan la naturaleza.

3.2. 😊😊 AB³ ¿Cuáles de las siguientes palabras son positivas desde el punto de vista del medioambiente y cuáles son negativas?

	Positivo	Negativo		Positivo	Negativo
1. residuos	☐	☐	**7.** cambio climático	☐	☐
2. reciclaje	☐	☐	**8.** basura	☐	☐
3. gases contaminantes .	☐	☐	**9.** contenedor	☐	☐
4. sequía	☐	☐	**10.** industria	☐	☐
5. consumo	☐	☐	**11.** ahorro energético	☐	☐
6. transporte	☐	☐	**12.** extinción	☐	☐

3.3. ☺ ☺ [23] **A continuación vas a escuchar la opinión de tres científicos de la Unión Europea sobre tres elementos muy relacionados con el medioambiente. Escucha y contesta las preguntas.**

1. ¿De qué forma describe el aire uno de los científicos?
2. ¿Cuáles son los principales problemas que afectan al aire en la sociedad actual?
3. ¿Qué piensa uno de los científicos acerca del nombre del planeta Tierra? ¿Por qué piensa eso?
4. ¿Por qué piensa el científico que no cuidamos el agua?
5. ¿Cuáles son los pronósticos de generación de basura para el año 2020?

3.3.1. 😊 🗩 **Los científicos de la Unión Europea nos dejan claro que necesitan nuestra ayuda para resolver los problemas del medioambiente. ¿Por qué no empezamos ya? Vamos a hacer dos manifiestos: uno en defensa de un mundo mejor y otro para pedir la mejora del medioambiente. En grupos, elegid uno de los manifiestos y discutid los puntos a tratar para, luego, redactar un primer borrador.**

Grupo A
Manifiesto por un mundo mejor

Queremos que:

1. se acabe la violencia.
2.
3.
4.
5.
6.
7.
8.
9.
10.

Grupo B
Manifiesto por la mejora del medioambiente

Queremos que:

1. cierren todas las fábricas contaminantes.
2.
3.
4.
5.
6.
7.
8.
9.
10.

3.3.2. 👥 🗩 **Haced una puesta en común de ambos manifiestos y poneos de acuerdo en los diez puntos que entre todos consideréis más importantes. Después, haced un mural para la clase con cada uno de ellos.**

3.3.3. ☺ ✏ **Escribe una pequeña redacción sobre uno de los manifiestos anteriores justificando tus deseos.**

1 Vamos a seguir adentrándonos en el diverso mundo de la naturaleza y el medioambiente conociendo los parques naturales. Fijaos en las siguientes definiciones de parque natural y señalad la que pensáis que es correcta; a continuación entrad en la página: http://es.wikipedia.org/wiki/Parque_natural y comprobad si vuestra elección es la adecuada.

- ☐ 1. Es un paisaje natural rodeado de mar con unas características biológicas y paisajísticas propias.
- ☐ 2. Es un espacio natural rodeado de montaña con una fauna y flora propias.
- ☐ 3. Es un espacio natural (marítimo, terrestre, montañoso, rodeado de mar o desierto) con una fauna y flora propias y que goza de una especial protección.

2 A continuación os presentamos un parque natural formado por varias islas: el Parque Natural de las Islas Atlánticas en Galicia. Entrad en http://www.noticiasgalicia.com/islas/inicio.html y localizad la siguiente información:

1. Número de islas que componen el Parque Natural. ....
2. Nombre de las islas. ....
3. Lugar geográfico donde se encuentran. ....
4. Fecha en la que se convierten en el primer Parque Nacional de Galicia. ....
5. Nombre de la isla donde se encuentra un observatorio de aves. ....
6. Isla a la que se puede acceder a pie cuando la marea está baja. ....

3 Explorad a fondo todas las islas y en parejas escoged cada uno la que más os guste. Anota la información necesaria y explícale a tu compañero lo siguiente:

1. Si es un archipiélago o se trata de una sola isla.
2. Cómo llegar: servicios, horarios y duración del viaje.
3. Aspectos más destacados de su fauna.
4. Aspectos más destacados de su flora.
5. Posibilidades de quedarse a dormir.
6. Pueblos más cercanos a la isla.

4 ¿Conoces muchos parques naturales en tu país? ¿Y en el extranjero? En pequeños grupos elaborad una lista con todos los parques naturales que conozcáis, distribuidla por el resto de la clase y añadid los que no están para conseguir el mayor número posible.

PROGRESANDO

PORTFOLIO
BIOGRAFÍA
LINGÜÍSTICA

1 Señala las terminaciones del presente de subjuntivo en las diferentes conjugaciones.

• 1.ª conjugación: -AR ....

• 2.ª conjugación: -ER ....

• 3.ª conjugación: -IR ....

2 Señala el tipo de irregularidad de los siguientes verbos en presente de subjuntivo y conjúgalos.

pensar E>IE	conocer	haber	soñar
piense			

3 Expresa tus buenos deseos a...:

a. ...alguien que se va a casar: ....

b. ...alguien que cumple años: ....

c. ...alguien que se va de viaje: ....

d. ...alguien que está enfermo: ....

4 En esta unidad has aprendido un nuevo tiempo verbal: el presente de subjuntivo. Repasa la actividad 1.3. ¿Te ha ayudado la comparación con el presente de indicativo irregular para deducir las formas del presente de subjuntivo irregular? ¿Por qué?

....

....

....

5 Piensa en cinco palabras relacionadas con el medioambiente y escribe una frase con cada una de ellas.

1. ....

2. ....

3. ....

4. ....

6 ¿Qué ha sido lo más difícil y lo más fácil en el aprendizaje de esta unidad?

• Lo más fácil: ....

• Lo más difícil: ....

CHARLTON HESTON RODDY McDOWALL

EL **PLANETA** DE LOS **SIMIOS**

(Planet of the Apes)

Contenidos funcionales
- Expresar probabilidad en el pasado, presente y futuro
- Hablar de la existencia o no de cosas y personas

Contenidos gramaticales
- Marcadores de probabilidad + indicativo
- Marcadores de probabilidad + subjuntivo
- Marcadores de probabilidad + indicativo/subjuntivo
- Revisión de los adjetivos y pronombres indefinidos
- Uso del diccionario: las expresiones idiomáticas

Contenidos léxicos
- Léxico relacionado con el cine
- Léxico relacionado con la literatura
- Frases hechas

Contenidos culturales
- Cine español: *Alatriste*, de Agustín Díaz Yanes
- Literatura española: Arturo Pérez-Reverte
- Diego Velázquez: *La rendición de Breda* o *Las lanzas*

Ayer y hoy

1.1. 😊 **ABC** Relaciona las siguientes palabras con su definición.

1. asiento .... ☐
2. cartel .... ☐
3. entrada .... ☐
4. escena .... ☐
5. espectador .... ☐

6. fila .... ☐
7. género .... ☐
8. pantalla .... ☐
9. sala .... ☐
10. taquilla .... ☐

---

a. Lugar en el que se venden entradas para un espectáculo.

b. Billete que da acceso a un espectáculo.

c. Superficie en la que se proyecta una imagen o película.

d. Mueble en el que se sientan las personas.

e. Línea horizontal de asientos en una sala de cine, teatro, etc.

f. Local grande usado para fiestas u otros espectáculos.

g. Persona que asiste a ver un espectáculo.

h. Parte o fragmento de una película.

i. Póster con imágenes para hacer publicidad.

j. Categoría en la que se clasifica una película, obra literaria, etc.

1.1.1. 😊😄 [24] **Arturo y Lucas están en la puerta del cine esperando a su amigo Jorge. Escucha su conversación y marca en el cuadro anterior qué palabras de la lista oyes.**

1.1.2. 😊😄 [24] **Vuelve a escuchar y comprueba.**

1.2. 😊 ✏️ **Fíjate en estos carteles de diferentes películas. Decide con tu compañero a qué género pertenecen.**

animación · aventuras · ciencia ficción · comedia · infantil-juvenil

1.2.1. 😊 ✏️ **Habla con tu compañero.**

a. ¿Qué género de películas te gusta?

b. ¿Vas a menudo al cine?

c. ¿Cuál es la última película que has visto?

d. ¿Tienes algún actor o actriz preferido?

e. ¿Tienes alguna película favorita?

1.3. 👥 Ⓟ **Fíjate en este cartel. ¿De qué crees que va la película? ¿A qué género pertenece?**

1.3.1. 😊 📖 **La película *El planeta de los simios* empieza con un monólogo del capitán Taylor. Léelo.**

Este será mi último informe antes de que lleguemos a nuestro destino, hemos colocado el piloto automático y dependemos de los ordenadores. Mis compañeros duermen profundamente dentro de las cámaras, yo me acostaré enseguida. Dentro de una hora hará seis meses que partimos de cabo Kennedy, seis meses en el profundo espacio. Según la teoría del doctor Hasslein sobre el tiempo en un vehículo que viaja casi a la velocidad de la luz, la tierra ha envejecido cerca de 700 años en estos seis meses, mientras que nosotros apenas hemos envejecido. Puede que sea así. Lo más probable es que los hombres que nos ordenaron hacer este viaje estén muertos. Ustedes, los que me escuchan ahora, son de otra generación y espero que mejor que la nuestra. No siento tener que dejar atrás el siglo XX. Pero hay algo más aún. No se trata de nada científico, es totalmente personal: visto desde mi asiento, todo parece muy distinto. El tiempo pasa y el espacio no tiene límites. No existen las personas ni el yo. Me siento solo, totalmente solo. Decidme: ¿quizá los hombres, esa maravilla del universo, siguen combatiendo contra sus hermanos dejando morir de hambre a los hijos de sus vecinos?

1.3.2. 😊 ✏️ **Lee de nuevo el texto y realiza las actividades siguientes.**

a. Busca los sinónimos de las siguientes palabras:

1. inmediatamente:........................
2. salir:........................
3. hacerse mayor:........................
4. casi no:........................
5. privado:........................
6. luchar:........................

b. Explica con otras palabras estas frases:

1. Dependemos de los ordenadores:........................
2. Ustedes son de otra generación:........................
3. No siento tener que dejar atrás el siglo XX:........................

1.4. 😊😊💬 El capitán Taylor se pregunta cómo será el mundo dentro de 700 años. Y tú, ¿cómo crees que será? Marca la opción que creas y después pregunta a tu compañero. Puedes añadir alguna opción más.

	Tú			Tu compañero		
	Sí	No	A lo mejor	Sí	No	A lo mejor
1. Los simios dominarán la tierra.	☐	☐	☐	☐	☐	☐
2. No habrá profesores. La enseñanza estará totalmente informatizada.	☐	☐	☐	☐	☐	☐
3. Habrán desaparecido las enfermedades, excepto el resfriado.	☐	☐	☐	☐	☐	☐
4. Existirán las vacaciones interplanetarias.	☐	☐	☐	☐	☐	☐
5. Habrá ciudades bajo el mar.	☐	☐	☐	☐	☐	☐
6. Habrá una moneda única para todos los países.	☐	☐	☐	☐	☐	☐
7. Habrá una lengua común, aunque todos los países conservarán su propio idioma.	☐	☐	☐	☐	☐	☐
8. Existirán las personas artificiales.	☐	☐	☐	☐	☐	☐
9.	☐	☐	☐	☐	☐	☐
10.	☐	☐	☐	☐	☐	☐

1.4.1. 😊✏️ Escribe lo que te ha dicho tu compañero en la opción "A lo mejor". Pero antes, pregúntale por el grado de probabilidad de sus hipótesis y transforma sus respuestas adecuando la expresión para hacer conjeturas al grado de probabilidad que te ha indicado tu compañero. Recuerda:

Hacer conjeturas

Probabilidad alta:		**Probabilidad media:**		**Probabilidad baja:**	
−*Seguro que* −*Me parece que* −*Creo que*	+ indicativo	−*Seguramente* −*Supongo que* −*Me imagino que*	+ indicativo	−*A lo mejor* −*Igual*	+ indicativo

Mi compañero piensa que es seguro que...

2 El club de los enigmas

2.1. ☺ AB^C ¿Conoces estas palabras? Relaciónalas con su imagen.

1. candado .... ⬜	5. posada .... ⬜	9. soldado .... ⬜
2. castillo .... ⬜	6. cadena .... ⬜	10. remo .... ⬜
3. arco .... ⬜	7. caballero medieval .... ⬜	11. filete .... ⬜
4. matorral .... ⬜	8. llave .... ⬜	

2.1.1. ☺ 😊 [25] **Un grupo de amigos se reúne todos los sábados para plantear enigmas. Escucha y relaciona el vocabulario anterior con cada uno de los tres enigmas.**

- Enigma 1: ....
- Enigma 2: ....
- Enigma 3: ....

2.1.2. 😄 ⚠ **Estas son algunas posibles soluciones que dan los amigos a los enigmas. Fijaos en las palabras en negrita y completad el cuadro.**

Enigma 1
》》 **Quizá sea** la misma llave para los tres candados.
》》 También **es probable que tengan** copias de las llaves escondidas dentro de la barca.

Enigma 2
》》 Yo **creo que debería** haber dicho dos, como es un número par…
》》 ¡Qué dices! La respuesta es buena, **quizás** el vigía no le **oyó** bien y por eso le disparó.

Enigma 3
》》 **Es posible que** el posadero **corte** los filetes en trozos más pequeños.
》》 O **a lo mejor** les **dice** que solo tiene comida para dos.

Marcador	Tiempo verbal	Modo verbal	
		indicativo	subjuntivo
quizá	presente	⬤	✗
		⬤	⬤
		⬤	⬤
		⬤	⬤
		⬤	⬤
		⬤	⬤

2.1.3. ☺ ⚠ **Completa el cuadro con los marcadores de probabilidad anteriores.**

La probabilidad

> • Uno de los recursos que más usamos para expresar la probabilidad es utilizar adverbios y locuciones adverbiales más un verbo en ⬜⬜⬜⬜ o ⬜⬜⬜⬜ .

– **Supongo que**
– ⬜⬜⬜⬜
– **Igual**
– **Seguro que**
– ⬜⬜⬜⬜
– **Me imagino que**
} **+ indicativo**

– **Puede que**
– **No creo que**
– ⬜⬜⬜⬜
– ⬜⬜⬜⬜
} **+ subjuntivo**

– **Tal vez**
– ⬜⬜⬜⬜
– **Seguramente**
– **Probablemente**
} **indicativo/ subjuntivo**

2.2. 😀😀💬 **Las soluciones a los enigmas del punto 2.1.2. no son correctas. Leed los enigmas y encontrad la solución. No olvidéis usar las expresiones de probabilidad del cuadro anterior.**

Enigma 1

Tres amigos son aficionados al remo y han decidido comprar una barca juntos. Como no pueden practicar los tres a la vez y tampoco quieren que se la robe ningún extraño, han pensado atar la barca con una cadena cerrada con tres candados, cada uno de ellos se abre con una llave diferente y cada amigo tiene una sola llave. ¿Cómo podrán coger la barca sin esperar a que lleguen los otros con su llave?

Enigma 2

El rey Arturo quería conocer los planes de sus enemigos y envió un espía al castillo del rey rival. Cuando el espía llegó, descubrió que las puertas del castillo estaban cerradas, así que se escondió entre unos matorrales para observar cómo entraban los demás. Al cabo de un rato llegó un soldado, llamó a las puertas y el vigía de la torre le gritó: *"¡dieciocho!"*, y el soldado contestó: *"¡nueve!"*, y abrieron las puertas. Al poco rato llegó otro soldado, el vigía dijo: *"¡catorce!"*, y el soldado respondió: *"¡siete!"*, y abrieron las puertas. Más tarde llegó otro soldado y el vigía dijo: *"¡ocho!"*, y el soldado dijo: *"¡cuatro!"*, y abrieron las puertas. El espía pensó que lo tenía muy fácil. Se acercó a la puerta y el vigía le gritó: *"¡seis!"*, y el espía contestó: *"¡tres!"*. Entonces, el vigía cogió su arco, le disparó una flecha y lo mató. ¿Qué tenía que haber dicho el espía para entrar?

Enigma 3

Tres caballeros de la Tabla Redonda se dirigen a Camelot. Durante su viaje paran en una posada para comer. Cada uno pide un filete y le dicen al posadero que tienen mucha prisa y quieren que tenga los filetes listos en treinta minutos. Cada filete necesita cocinarse diez minutos por cada lado y solamente puede cocinar dos filetes a la vez, por lo que le faltarán diez minutos para poder hacer un tercer filete. El posadero ya tiene la solución, ¿cuál creéis que será?

Enigmas adaptados de www.psicoactiva.com/enigmas.htm

2.2.1. 👥 💬 **¿Conoces algún enigma? ¿Quieres entrar en el club? Piensa en algún enigma o acertijo y cuéntaselo a tus compañeros, a ver si lo adivinan. Si no conoces ninguno, puedes entrar en las siguientes páginas web.**

www.psicoactiva.com/enigmas.htm

www.elhuevodechocolate.com

2.3. 😊 ⚠️ En la unidad 6 habéis aprendido que para expresar probabilidad también usamos el futuro imperfecto, el futuro perfecto y el condicional. Transforma las frases como en el ejemplo. Verás que el significado es el mismo.

Ejemplo

Será muy guapo, porque Ángela no para de hablar de él. (Es probable que)

> **Es probable que sea** muy guapo, porque Ángela no para de hablar de él.

1. ¡Qué tarde es y Sara no llega! **Habrá perdido** el autobús. (Igual)

2. El profe dijo que hoy nos pondría una peli, **se habrá olvidado**. (Seguro que)

3. ► ¿Por qué no ha venido Marga a clase?
   ▷ No sé, **se quedaría** estudiando toda la noche y **se habrá dormido**. (Me imagino que)

4. ► Este móvil no funciona. Es un cacharro.
   ▷ No **tendrá** batería. (Puede que)

5. Dani y Lorena han discutido. Lorena **estará** celosa. (Es posible que)

3 ¡Estás en las nubes!

3.1. 😊 📖 Relaciona los siguientes diálogos con su viñeta correspondiente.

1. ► Bueno, ya sabes que me encontré con José Luis. Yo estaba sentada en una terraza tomando un refresco que, por cierto, vino el camarero y me dijo que…
▷ ¡Por favor, Marta! **No te andes por las ramas** y cuéntame qué pasó con José Luis.

2. ► ¿Sospechará Juan que le vamos a hacer una fiesta sorpresa?
▷ Pues yo creo que sí, que **tiene la mosca detrás de la oreja**, porque no hace más que mirarnos.

3. ► Anda, mamá, déjame llegar una hora más tarde esta noche. Por cierto, hoy estás guapísima, pareces mucho más joven…
▷ Deja de **hacerme la pelota** que te va a dar igual porque no pienso dejarte llegar ni un minuto más tarde.

4. ► ¡Vaya cara tienes hoy, Aurora!
▷ Sí, es que **no he pegado ojo** en toda la noche. Me tomé una Coca-Cola antes de acostarme y no he podido dormir.

5. ► Anoche Bianca me llamó a las once para preguntarme cuándo tenemos que entregar el trabajo sobre el medioambiente.
▷ ¿No se enteró? ¡Pero si estaba en clase!
► Sí, pero **estaba en las nubes**, como siempre.

6. ► ¿Qué le pasaba esta mañana a Antonio que estaba tan callado?
▷ Pilar **le ha dado calabazas** otra vez. No sé por qué sigue insistiendo, supongo que está muy enamorado.

3.1.1. 😊 A͟B͟C Vas a aprender a buscar expresiones idiomáticas en el diccionario. Apunta las expresiones que aparecen en los diálogos y subraya qué palabra de la expresión crees que debes buscar para encontrar el significado de las frases. Consulta el diccionario. ¿Las has encontrado? Si no es así, prueba con otra palabra de la expresión.

1. Andarse por las ramas. ➡ Detenerse en lo menos sustancial de un asunto, dejando lo más importante.
2. ....
3. ....
4. ....
5. ....
6. ....

3.2. 😊😊 ✐ Elige dos de las expresiones que has aprendido y crea un diálogo.

4 ¿Hay alguien ahí?

4.1. 😊😊 [26] Escucha lo que le pasó a Ana y a sus amigos y contesta verdadero o falso.

	Verdadero	Falso
1. Ana y sus amigos vivieron aventuras extrañas y divertidas…	☐	☐
2. Iban a una playa que se llamaba "La roca del oro"…	☐	☐
3. Por las tardes, algunos jugaban al parchís…	☐	☐
4. Una noche hubo una tormenta eléctrica.	☐	☐
5. Salieron corriendo y vieron las montañas.	☐	☐
6. Se encendieron unas luces con forma de rectángulo…	☐	☐
7. Todos estaban muertos de miedo.	☐	☐
8. Un relámpago iluminó el cielo.	☐	☐

4.1.1. 😊😊 ¿Cuál creéis que es la verdad? Haced hipótesis, exponedlas al resto de la clase y pensad en cuál es la mejor.

4.2. 😊😊 [26] Vuelve a escuchar y completa.

1. Cuando llegamos a Almería .... de nosotros imaginaba que viviríamos las aventuras más extrañas.
2. Nos gustaba ir a una que se llamaba "La roca del moro" porque no había ....
3. Por las tardes .... nos echábamos la siesta.
4. No se veía absolutamente ....

4.2.1. 😊 ⚠ **Completa el cuadro con las palabras anteriores.**

Adjetivos y pronombres indefinidos

Variables		Invariables

Variables

- **Para personas y cosas**

  algún, alguno, [_____]   alguna, algunas

  ningún, [_____]

  (ningunos)*   ninguna

                         (ningunas) *

Invariables

- **Para personas**

  alguien   [_____]

- **Para cosas**

  algo   [_____]

- Escribimos *alguien, nadie, algo, nada* detrás del verbo. Pueden ir seguidos de un adjetivo que va siempre en masculino singular:

  ▶ *¿Ha llamado **alguien**?*
  ▷ *No, no ha llamado **nadie**.*

  – *No tengo **nada** claro este tema.*
  – *¿Hay **alguien** preparado?*

- *Alguno, alguna, algunos, algunas* se refieren a personas y a cosas y concuerdan en género y número con el sustantivo que acompañan o al que se refieren:

  – *Me gustan **algunas** canciones de Juanes, pero no todas.*

- *Alguno* y *ninguno* se convierten en *algún* y *ningún* cuando van seguidos de un sustantivo masculino singular:

  – *Yo no tengo **ningún** libro de ese autor que dices.*

- Cuando estas palabras son negativas (*nada, nadie, ningún, ninguna…*) y van detrás del verbo, llevan doble negación:

  – ***No** conozco a **nadie**.*
  – ***No** hay **ningún problema**.*

  * *ningunos, ningunas se usan muy poco en plural, solo con sustantivos que siempre usamos en plural: ningunas tijeras, ningunas gafas, ningunos pantalones.*

4.2.2. 😊 ⚠ **Vamos a practicar. Escribe el indefinido adecuado.**

1. ▶ ¿Qué le pasa a Ángel? Está raro...
   ▷ Que Sonia no le habrá mandado .... mensaje.

2. ▶ ¿Te gusta el nuevo disco de David Civera?
   ▷ No lo sé, todavía no he escuchado .... canción.

3. ▶ He oído un ruido, ¿habrá entrado ....?
   ▷ Tranquilo, no puede entrar .... porque he cerrado la puerta con llave.

4. En esa cómoda hay .... cajones vacíos, guarda ahí tu ropa.

4.3. 😊 ✍ **Los adjetivos y pronombres indefinidos sirven para hablar de la existencia o no de cosas y personas. Fíjate en el cuadro y luego, contesta las preguntas.**

Hablar de la existencia o no de cosas y personas

Una cosa sin especificar:
▶ *¿Has visto **algo** bonito para comprar?*
▷ *No, **no** he visto **nada** interesante.*

Una persona sin especificar:
▶ *¿Conoces a **alguien** en esta ciudad?*
▷ *No, **no** conozco a **nadie**, soy nueva aquí.*

Personas o cosas especificando:
▶ *¿Has visto a **algún amigo** en la excursión?*
▷ *Sí, he visto a **algunos** de la facultad.*

▶ *¿Conoces **alguna película** buena sobre el clima?*
▷ *No, no conozco **ninguna película**, pero sí varios documentales.*

a. ¿Has conocido a alguien interesante?
b. ¿Has comprado algo para ti?
c. ¿Has hecho algún viaje?
d. ¿Te has enfadado con alguien?
e. ¿Has dicho alguna mentira?
f. ¿Has escrito algún e-mail hoy?

4.3.1. 👥 🅿 **¿Recuerdas la historia de Ana? ¿Quieres conocer qué ocurrió en realidad? ¿Te ha ocurrido algo parecido alguna vez? Explícaselo a tus compañeros.**

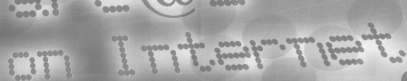

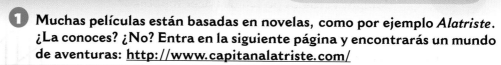

1 Muchas películas están basadas en novelas, como por ejemplo *Alatriste*. ¿La conoces? ¿No? Entra en la siguiente página y encontrarás un mundo de aventuras: http://www.capitanalatriste.com/

1. ¿Cómo se llama el autor de *Las aventuras del capitán Alatriste*?
2. Ahora se dedica exclusivamente a la literatura, pero antes era…
3. ¿Cómo se llama el primer libro que escribió? ¿En qué año se publicó?
4. Además de *Las aventuras del capitán Alatriste*, ¿qué otros de sus libros se han convertido en películas?
5. ¿En qué época ocurren las aventuras de Diego Alatriste?
6. ¿A qué se dedica Diego Alatriste?

2 En las novelas sobre Alatriste encontramos muchos personajes, algunos ficticios y otros históricos. Completa la información sobre dos de ellos.

Íñigo Balboa (ficticio)

1610	: ....
	: Viaja a Madrid y se instala en casa de Diego Alatriste.
1624	: ....
	: Presencia la rendición de Breda. Tiene 15 años.
1627-1634	: ....
	: Participa en la batalla de Rocroi. Lo hieren y lo hacen prisionero en Francia. Huye y regresa a España.

Francisco de Quevedo (histórico)

	: Nace en Madrid el 27 de septiembre.
1603	: ....
	: Recibe el hábito de Santiago y una pensión de 400 ducados.
1626	: ....
	: Es detenido y llevado al convento de San Marcos por conspirar contra Olivares.
1645	: ....

PORTFOLIO DOSSIER

3 En la novela *El sol de Breda* se cuenta un hecho muy importante en la historia de España: la rendición de los holandeses ante los españoles en la guerra de los Treinta Años. El pintor Diego Velázquez es autor del cuadro *La rendición de Breda* o *Las lanzas*, que conmemora aquella victoria. Observa el cuadro y encuentra estos datos y personajes. Para ver el cuadro más grande y saber un poco más de la historia entra en: http://www.cossio.net/actividades/pinacoteca/p_01_02/las_lanzas.htm

– Un papel que tiene la firma de Velázquez.
– Un personaje que lleva unas espuelas doradas.
– Un soldado con un fusil al hombro.
– Una bandera española en el campo de batalla.
– Un oficial que tiene el pelo de dos colores.

PROGRESANDO

1 **¿Con qué tiempos verbales podemos hacer hipótesis?**

....

2 **¿Qué usamos con estos marcadores: indicativo, subjuntivo o ambos?**

a. no creo que ....
b. seguro que ....
c. a lo mejor ....

d. puede que ....
e. seguramente ....
f. tal vez..

3 **¿Puedes escribir otros marcadores para expresar probabilidad?**

....

4 **Marca si las siguientes frases expresan probabilidad o no.**

a. ☐ Mis padres se irán de vacaciones el próximo miércoles.
b. ☐ Hace meses que no veo a María, ¿seguirá viviendo en Salamanca?
c. ☐ Necesito ir a la farmacia, ¿estará abierta?
d. ☐ Alejandro llegará a las tres.
e. ☐ En mi cumpleaños te invitaré a cenar.

5 **¿Puedes decir a qué momento se refieren las frases: pasado, presente o futuro?**

	Pasado	Presente	Futuro
a. Quizá Álex y Elena pasen el verano en Bilbao.	☐	☐	☐
b. El jefe tendrá unos sesenta años.	☐	☐	☐
c. Probablemente Julieta esté en el supermercado.	☐	☐	☐
d. Para el fin de semana puede que empeore el tiempo.	☐	☐	☐
e. ¿Tu móvil? Lo habrás dejado en la mesita.	☐	☐	☐
f. No habrá podido salir.	☐	☐	☐

6 **¿Puedes escribir los adjetivos y pronombres indefinidos invariables?**

....

7 **¿Puedes escribir los adjetivos y pronombres indefinidos variables?**

....

8 **¿Cuándo escribimos *algún* y *ningún*?**

....

9 **En el epígrafe 3 has trabajado con el diccionario. Contesta las preguntas según esta experiencia.**

a. ¿Qué diccionario has utilizado? ¿Te ha sido útil?
b. ¿Te ha resultado difícil buscar las expresiones idiomáticas? ¿Las has encontrado rápidamente?
c. ¿Recuerdas qué tienes que hacer para encontrar una expresión idiomática en el diccionario?

Unidad

9

¡Súbete al tren!

Contenidos funcionales
- Opinar comparando situaciones
- Organizar nuestras palabras: argumentar

Contenidos gramaticales
- Estructura: *lo más/menos* + adjetivo + *es*
- Argumentación: organizadores del discurso
- Preposiciones: *por* y *para*

Contenidos léxicos
- Léxico de viaje
- Nombres de ciudades y países

Contenidos culturales
- Viajes por España
- Las siete maravillas del mundo
- El Machu Picchu (Perú)

---

1 ¡Que nos vamos!

1.1. 😊😊🗨 Fijaos en las siguientes postales. Las cuatro pertenecen a lugares diferentes de España. Reflexionad un poco sobre las imágenes que aparecen, situadlas en un lugar del mapa y, si os atrevéis, ponedles un nombre.

> La primera postal se trata de un lugar histórico, creo que no tiene costa. Podría estar en el centro de España o un poco más al sur...

1.1.1. 😊😊🗨 La próxima semana empiezan vuestras vacaciones y todavía no sabéis adónde ir. Escoge uno de los cuatros lugares de arriba y explícale a tu compañero tu decisión teniendo en cuenta el siguiente cuadro. Tenéis que poneros de acuerdo porque vais a viajar juntos.

Para expresar la opinión

Recuerda que en español existen muchas maneras de expresar la opinión. Una nueva estructura que puedes utilizar es:

> ***Lo más/menos*** + **adjetivo** + *es...*

- ***Lo más interesante*** de los viajes **es** conocer muchos lugares nuevos.
- ***Lo más aburrido*** de los viajes **es** pasar muchas horas en el coche sin moverte.

- Lo más importante de un viaje es...
- Lo menos importante es...
- Lo más necesario es...
- Lo menos necesario es...
- Lo más divertido es...
- Lo menos divertido es...

> El lugar elegido es...

1.2. 😊 😄 [27] **A continuación vas a escuchar a cuatro compañeros de clase que han pasado sus vacaciones en los lugares de las postales. Completa la información.**

	Nombre del lugar		Lo más…	Lo menos…
a.		**Para Jorge**	su anfiteatro	
b.		**Para María**		
c.		**Para Alberto**		
d.		**Para Adriana**		

1.2.1. 😃 ABC **Aquí tienes una lista de objetos que te puedes llevar para hacer un viaje. Escoged los que consideréis imprescindibles para los lugares de las postales y justificad vuestra elección.**

> Para viajar a una ciudad desconocida es imprescindible llevar un callejero para no perderse.

		Postal a	Postal b	Postal c	Postal d
1.	gafas de sol	☐	☐	☐	☐
2.	diario	☐	☐	☐	☐
3.	callejero	☒	☐	☐	☐
4.	chaqueta	☐	☐	☐	☐
5.	visera	☐	☐	☐	☐
6.	crema solar	☐	☐	☐	☐
7.	mp3	☐	☐	☐	☐
8.	portátil	☐	☐	☐	☐
9.	medicamentos	☐	☐	☐	☐
10.	brújula	☐	☐	☐	☐
11.	libreta	☐	☐	☐	☐
12.	bolígrafo	☐	☐	☐	☐
13.	teléfono móvil	☐	☐	☐	☐
14.	toalla de playa	☐	☐	☐	☐
15.	zapatillas deportivas	☐	☐	☐	☐
16.	dinero en efectivo	☐	☐	☐	☐
17.	bañador	☐	☐	☐	☐
18.	sombrilla	☐	☐	☐	☐

1.3. 😊 ✏ **En la actividad 1.1.1. seleccionaste uno de los lugares de las postales para pasar las vacaciones. Ahora que estás allí es el momento de escribirle una postal a tu mejor amigo/a explicándole en pocas palabras tu experiencia.**

2 ¿Cómo nos vamos?

2.1. 😊 **A⃗B⃗C⃗** Para desplazarnos en los viajes podemos hacerlo de diferentes formas. Completa las siguientes palabras y encontrarás seis medios de transportes.

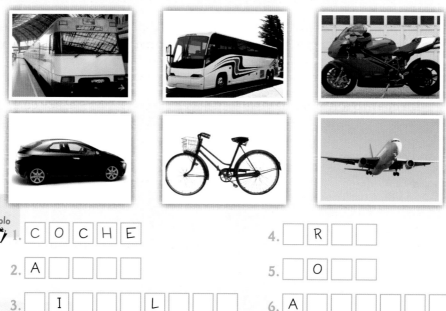

Ejemplo
1. C O C H E
2. A ☐ ☐ ☐ ☐
3. ☐ I ☐ ☐ L ☐ ☐

4. ☐ R ☐ ☐
5. ☐ O ☐ ☐
6. A ☐ ☐ ☐ ☐ ☐

2.1.1. 👥 🗣 No todos los medios de transportes son perfectos para todo tipo de viajes. Comentad las ventajas y desventajas de los medios de transporte anteriores, dependiendo del tipo de viaje.

> Para mí viajar en coche es perfecto si es un trayecto corto pero, si es muy largo, puede ser muy aburrido y cansado.

2.1.2. 👥 🗣 ¿Cuál es el medio de transporte más raro en el que has viajado? Cuéntaselo a tus compañeros.

2.2. 😊 **A⃗B⃗C⃗** En ocasiones viajar puede resultar bastante caro por eso cada vez más jóvenes escogen una opción alternativa de viaje llamada Interrail. ¿Sabes de qué se trata? Lee las siguientes definiciones y escoge la correcta.

☐ **1.** Un billete de tren para jóvenes con el que puedes viajar durante los doce meses del año por Europa.

☐ **2.** Un billete de tren para gente de cualquier edad, con el que puedes viajar durante un mes por cualquier país del mundo.

☐ **3.** Un billete de tren para jóvenes con el que puedes viajar durante un mes por todos los países de Europa y Marruecos.

2.3. 😊 📖 Aquí tienes un texto que es un artículo de opinión que una joven escribió en la revista juvenil *Viajar barato* sobre su experiencia con Interrail. Ordena los párrafos, lee el texto ordenado y comprueba tu respuesta anterior. Presta especial atención a las palabras subrayadas en negrita.

El año pasado viajé durante un mes entero por toda Europa con Interrail y me gustaría explicaros mi experiencia por si en algún momento os apetece hacer lo mismo a vosotros.

◯ Mis amigos y yo dormíamos casi siempre de noche en el tren, es muy divertido y puedes ahorrarte mucho dinero. **Sin embargo**, es buena idea que por lo menos una vez a la semana paséis la noche en un albergue para descansar y coger fuerzas para continuar. Y **ya que** estáis allí aprovechad la ocasión para comer bien; pensad que después de tantas horas andando lo vais a necesitar.

◯ **En cuanto a** la forma de viajar lo mejor es ir vestido con ropa muy cómoda y una mochila con lo imprescindible: ropa ligera, una chaqueta o jersey de abrigo y un chubasquero pues tanto la lluvia como el frío os pueden sorprender en alguno de los países que visitais.

◯ Y, **por último**, no os olvidéis de llevar en vuestra cartera vuestra documentación en regla y vuestro seguro de asistencia médica.

◯ **En primer lugar**, tengo que deciros que es la forma más barata de viajar y visitar muchos países. **Además** puedes estar viajando durante un mes con el mismo billete cruzando fronteras sin ningún tipo de problemas.

¡Buen viaje y disfrutad mucho!

Miriam Gómez de Valencia

2.3.1. 😊 ⚠️ Fíjate en el siguiente cuadro y completa los espacios con las palabras en negrita del artículo de opinión.

Los organizadores del discurso

Cuando opinamos tenemos que organizar las ideas y reflexionar sobre el orden en las que las queremos expresar, para ello contamos con *los organizadores del discurso*.

1. Para introducir la enumeración de ideas:
   - ☐ En primer lugar
   - *Para empezar...*
   - *Por una parte...*

2. Para continuar con la siguiente idea, o añadir más información:
   - *En segundo/tercer lugar...*
   - ☐
   - *Asimismo...*
   - *Por otra parte...*

3. Para introducir un nuevo argumento o idea:
   - *Respecto a...*
   - ☐

4. Para introducir una idea que contrasta con la anterior:
   - *Pero...*
   - ☐

5. Para expresar causa:
   - *Porque...*
   - ☐
   - *Puesto que...*

6. Para concluir/finalizar
   - ☐
   - *En definitiva...*
   - *Para terminar...*

2.4. ☺ ⚠ **A continuación te presentamos diferentes fragmentos de artículos publicados en la revista _Viajar barato_. Complétalos con uno de los siguientes organizadores del discurso. Puede haber más de una opción.**

| para empezar • asimismo • sin embargo • además • en definitiva • pero • para terminar |

La joya de Oriente Medio

De esta manera se refiere mucha gente a Jordania. Es un país increíble con miles de maravillas que visitar. [Para empezar] lo mejor es ir directamente a la Ciudadela de Ammán y contemplar las mejores vistas de la capital jordana. [   ] te recomiendo que sigas las huellas de Lawrence de Arabia en el impresionante desierto de Wadi Rum. (...).

Sergio Méndez de Almería

Un país de contrastes

Al hablar de Argentina lo primero que se nos viene a la cabeza es Buenos Aires; [   ] Argentina es un país enorme y muy variado. Destacan sus impresionantes paisajes naturales. Un buen ejemplo de ello son las cataratas del Parque Nacional Iguazú, considerado Patrimonio de la Humanidad. [   ] un espectáculo de saltos de agua, entre 160 y 260 saltos según el caudal del río, a través de 23 kilómetros.

Ana Sánchez de Lanzarote

En el continente del fin del mundo

Puede parecer raro pero Australia ocupa una extensión de tierra comparable a la de Estados Unidos, [   ] solo cuenta con 19 millones de habitantes y hay zonas que están prácticamente despobladas. Uno de los mayores atractivos es su naturaleza y los parques naturales, como el Parque Nacional de Kadaku, el más grande de Australia, con un escenario maravilloso de cataratas y cañones. [   ] hay una abundante vida animal, podrás apreciar especies nunca vistas. [   ] debo advertiros de que en esta zona se rodó la famosa película _Cocodrilo Dundee_, por lo que tienes que tener cuidado porque hay muchos cocodrilos.

Diego Ruiz de Bilbao

2.5. ☺ ✐ **Recuerda el viaje que más te ha gustado en tu vida y escribe una carta a _Viajar barato_, hablando del lugar y dando algunas recomendaciones prácticas.**

3 ¡Por ti y para ti!

3.1. 🙂 ⚠️ **Ahora vamos a trabajar con las preposiciones *para* y *por*. Lee con atención las frases, reflexiona sobre el significado de la preposición y relaciónalo con su uso.**

Para/por

Para

1. Van a Jordania *para* visitar la Ciudadela de Ammán. •
2. Ahora mismo vamos *para* el pueblo. •
3. La oferta de trabajo es *para* el mes de octubre. •
4. El Interrail es un medio de transporte pensado *para* los jóvenes. •

• **a.** Plazo de tiempo.

• **b.** Dirección a un destino.

• **c.** Destinatario, persona o cosa a la que va dirigida una cosa o acción.

• **d.** Finalidad o intención.

Por

1. Te cambio mi mp3 *por* tu mp4. •
2. No comimos en la terraza *por* el calor. •
3. Cuando viajo, me pongo en contacto con mi familia *por* e-mail. •
4. Llegaremos de Australia *por* el mes de octubre más o menos. •
5. Este fin de semana estaremos *por* Granada. •
6. Podemos tomar dos trozos de tarta *por* persona. •

• **a.** Causa o motivo.

• **b.** Espacio indeterminado.

• **c.** Tiempo indeterminado.

• **d.** Medio.

• **e.** Distribución o reparto.

• **f.** Intercambio.

3.1.1. 😃 ⚠️ **A veces una misma frase puede tener diferentes significados dependiendo de si va con la preposición *para* o *por*. Imaginad el contexto de las frases y explicadlo por escrito.**

1. Vamos en coche para Barcelona: ....
   Vamos en coche por Barcelona: ....

2. Escribió la carta para Ana: ....
   Escribió la carta por Ana: ....

3. Vamos para casa: ....
   Vamos por casa: ....

4. He visto una figura de cristal por el salón de casa: ....
   He visto una figura de cristal para el salón de casa: ....

3.1.2. 🙂 😃 [28] **Escucha y comprueba.**

3.2. 😊 ⚠ **Lee las siguientes frases y corrige la preposición en el caso necesario.**

1. El otro día nos perdimos *por* la ciudad y tardamos seis horas en llegar a casa.
   ....

2. Este aparato es una panificadora y sirve *por* hacer pan.
   ....

3. Mañana *por* la mañana pasaré *para* tu casa *por* recoger los libros.
   ....

4. Creo que el regalo es *para* mí.
   ....

5. Te envío las fotos *para* e-mail.
   ....

3.3. 😊😊 😊 **¿Sabes qué es el Machu Picchu? Antes de leer el siguiente texto discute con tu compañero si las siguientes afirmaciones son verdaderas o falsas.**

Antes de leer			Después de leer	
V	F	**1.** El Machu Picchu es una ciudadela que fue construida como mausoleo del inca Pachakuteq, en Perú.	V	F
V	F	**2.** Se trata de un monumento que se asienta en un terreno desértico.	V	F
V	F	**3.** En esta ciudad solo vivían ciudadanos de alto rango, descendientes de Pachakuteq y sus servidores.	V	F
V	F	**4.** Quedan restos de edificios cubiertos de oro.	V	F
V	F	**5.** La ciudad no dependía del exterior para abastecerse de alimentos.	V	F
V	F	**6.** Se situaba en un cruce de caminos.	V	F

3.4. 😊 📖 **Lee el texto y comprueba tus respuestas. Rectifica las informaciones falsas.**

Machu Picchu es un asentamiento que fue construido por los incas en el siglo XV. 'Inca', o 'inka', es el nombre que se les daba a los habitantes de la cuenca del río Huatanay, en la ciudad del Cusco, Perú.

El entorno natural es boscoso, tropical y lluvioso y se encuentra en medio de altas montañas en el transcurso del río Urubamba.

Según los estudios arqueológicos, existen buenos argumentos para suponer que la ciudadela de Machu Picchu fue –como las pirámides de los faraones de Egipto o la tumba del emperador Chin Shi Huan de China– el lujoso mausoleo del inca Pachakuteq, el fundador y primer emperador del Tawantinsuyu. En Machu Picchu quedan los restos de edificios que estuvieron cubiertos de oro, presumiblemente con jardines de fantasía, ídolos y ofrendas. Quedan también otros templos y palacios, todos adyacentes y cuidadosamente construidos, cruzados por una red de fuentes de agua labradas en la roca, altares, observatorios cósmicos y muchos espacios para el culto a los muertos, desde los que se puede gozar durante muchos días del año del espectáculo de los arcoíris que nacen y mueren muy cerca de los ojos.

CONTINÚA ▶▶

El mausoleo del Inca estaba rodeado de templos, altares y otros espacios donde vivían pocas familias (no más de 200 ó 300) todas ellas de alto rango: la familia de descendientes de Pachakuteq y sus servidores y los amautas que mantenían el culto, lejos del circuito regular de los caminos, en medio de un bosque de orquídeas. Según dicen los relatos antiguos, esas residencias eran usadas por los propios incas para divertirse y descansar mientras vivían. Estaban dotadas de todos los recursos necesarios para operar sin depender del exterior, con sus propios campos de cultivo, ganado, talleres y demás.

Adaptado de http://www.machupicchu.perucultural.org.pe/

3.5. ☺ 🏔 **Recientemente se hizo una campaña para elegir las nuevas siete maravillas del mundo. Se hicieron votaciones en todos los países. Entre los monumentos propuestos estaba el Machu Picchu (Perú). Fíjate en lo que escribieron algunos peruanos en Internet.**

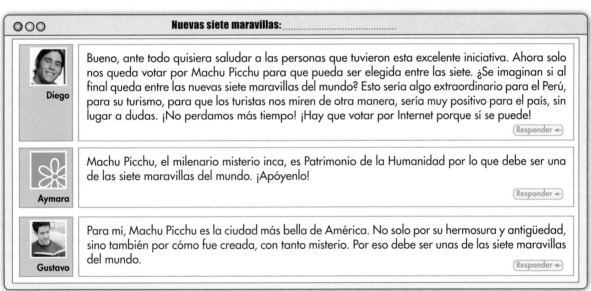

○○○ **Nuevas siete maravillas:** ....

Diego
Bueno, ante todo quisiera saludar a las personas que tuvieron esta excelente iniciativa. Ahora solo nos queda votar por Machu Picchu para que pueda ser elegida entre las siete. ¿Se imaginan si al final queda entre las nuevas siete maravillas del mundo? Esto sería algo extraordinario para el Perú, para su turismo, para que los turistas nos miren de otra manera, sería muy positivo para el país, sin lugar a dudas. ¡No perdamos más tiempo! ¡Hay que votar por Internet porque sí se puede!
(Responder ←)

Aymara
Machu Picchu, el milenario misterio inca, es Patrimonio de la Humanidad por lo que debe ser una de las siete maravillas del mundo. ¡Apóyenlo!
(Responder ←)

Gustavo
Para mí, Machu Picchu es la ciudad más bella de América. No solo por su hermosura y antigüedad, sino también por cómo fue creada, con tanto misterio. Por eso debe ser unas de las siete maravillas del mundo.
(Responder ←)

3.5.1. 👥 🗨 **Pensad en los monumentos y lugares de interés de vuestro país y haced una lista. Poneos de acuerdo para elegir uno de ellos.**

3.5.2. 👥 ✏ **Ahora, queréis proponer ese lugar para que sea nombrado una de las siete maravillas del mundo. Escribid en Internet un texto justificando por qué y para qué debe ser elegido.**

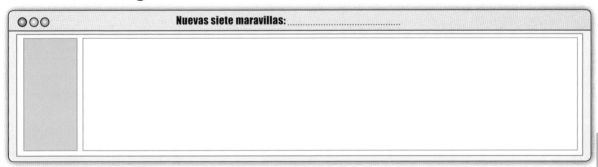

○○○ **Nuevas siete maravillas:** ....

3.5.3. 👨‍👩‍👧 🗨 **Leed el texto al resto de la clase. Una vez leídos todos, elegid el monumento que ha sido mejor defendido, el que tiene los argumentos más sólidos.**

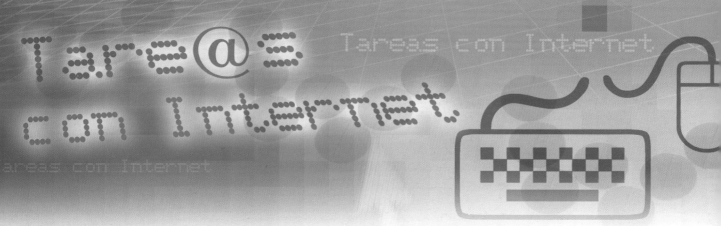

1 Ha llegado el momento de conocer los lugares más bonitos del mundo, las siete maravillas del mundo. Poned a prueba vuestros conocimientos geográficos y relacionad las maravillas con el país donde se encuentran.

1. Chichén Itzá   •   • **a.** China

2. Coliseo romano   •   • **b.** Perú

3. Cristo Redentor   •   • **c.** México

4. Gran Muralla   •   • **d.** Jordania

5. Machu Picchu   •   • **e.** Italia

6. Petra   •   • **f.** Brasil

2 A continuación entra en la página web: http://es.wikipedia.org/wiki/Nuevas_Siete_Maravillas_del_Mundo y comprobad los resultados. Continuad navegando por la citada página y extraed la siguiente información:

     a. En qué consiste el concurso.

     b. Empresa organizadora del concurso.

     c. Sistema de votación.

     d. Número de votos.

     e. Nombre y lugar geográfico de la Maravilla Honorífica.

3 ¿Qué características debe de tener para ti "una maravilla del mundo"? Escribe en un papel tres características imprescindibles, intercámbialo con tu compañero y añade alguno más en caso necesario.

4 ¡A votar! En la misma página web encontrarás el nombre y las fotos de las 21 finalistas del concurso. Míralas con atención y escribe en un papel el nombre de tus siete maravillas por orden de preferencia. Realizad la votación y sabréis cuáles son vuestras siete maravillas particulares.

PROGRESANDO

1 Cita cuatro lugares de España donde pasar las vacaciones que has conocido en esta unidad.

a. ....   c. ....

b. ....   d. ....

2 Escribe la nueva estructura gramatical que conoces para expresar opinión.

....

3 Escribe cinco palabras relacionadas con el mundo de los viajes y escribe una frase.

- ....
- ....
- ....
- ....
- ....

4 Escribe un sinónimo al lado de cada una de las siguientes palabras.

a. para empezar..   d. puesto que..

b. en cuanto a...   e. pero ....

c. además ....   f. en definitiva..

5 Rectifica las frases con *por* y *para* si es necesario y justifica los cambios que hagas.

a. Hoy Luis ha dado la clase por el profe de Matemáticas que se ha puesto enfermo.

b. He estado paseando para el parque de El Retiro, ¡qué bonito estaba!

c. Me he comprado estos vaqueros para 10 euros, ¡son baratísimos!

d. Este regalo es para ti, ¡feliz cumpleaños!

e. He visto esta película para ti, porque me lo has pedido, pero no me ha gustado nada.

f. Quiero este ejercicio terminado por el lunes.

6 Escribe dos frases iguales con *para* y *por*; explica el significado de cada una de ellas.

- ....
- ....

7 Valora esta unidad haciendo referencia a cinco características.

Lo que más me ha gustado de esta unidad ha sido la oportunidad de viajar por lugares desconocidos.

- ....
- ....
- ....
- ....
- ....

Triste y sola se queda la escuela

Contenidos funcionales
* Expresar deseos, extrañeza, agradecimiento
* Ofrecer a alguien ayuda o colaboración
* Aceptar o rechazar ayuda o colaboración

Contenidos gramaticales
* Morfología y uso del pretérito perfecto de subjuntivo
* ¿Querer que + subjuntivo?
* Te agradezco que + subjuntivo
* Qué raro/extraño/me extraña/me parece raro /extraño que + subjuntivo

Contenidos léxicos
* Vocabulario sobre la clase y la escuela

Contenidos culturales
* Literatura: Manuel Rivas, Rafael Alberti
* Arte: Picasso, Dalí, Miró, Frida Kahlo
* Fiestas de verano en España: San Juan, los sanfermines y la tomatina

---

1   Salvados por la campana

1.1. 😊 Ⓟ **Vamos a jugar al ahorcado. Decidle a vuestro profesor las letras para descubrir la palabra secreta.**

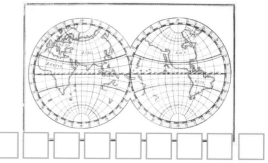

¿Sabéis qué es? ¿Dónde podemos encontrarlo? ¿Qué estudiamos con él?

1.2. 😊 📖 **Lee el siguiente texto. Subraya en rojo las palabras que no entiendas. No uses el diccionario.**

No, el maestro don Gregorio no pegaba. Al contrario, casi siempre sonreía con su cara de sapo. Cuando dos alumnos se peleaban durante el recreo, él los llamaba, "parecéis carneros", y les obligaba a estrecharse la mano. Después los sentaba en el mismo pupitre.

La forma que don Gregorio tenía de mostrarse muy enfadado era el silencio. "Si vosotros no os calláis, tendré que hacerlo yo". Y se dirigía hacia la ventana con la mirada ausente. Era un silencio prolongado, descorazonador, que nos hacía sentirnos abandonados en un extraño país. Pronto me di cuenta de que el silencio del maestro era el peor castigo imaginable. Porque todo lo que él nos explicaba era un cuento fascinante. El cuento podía comenzar con una hoja de papel, después de pasar por el Amazonas y la sístole y diástole del corazón. Todo conectaba, todo tenía sentido. La hierba, la lana, la oveja, mi frío. Cuando el maestro se dirigía hacia el mapamundi, nos quedábamos atentos, embobados. Sentíamos el miedo de los indios cuando escucharon por vez primera el relinchar de los caballos y el estampido del arcabuz. Íbamos a lomos de los elefantes de Aníbal de Cartago por las nieves de los Alpes, camino de Roma. Luchábamos con palos y piedras contra las tropas de Napoleón. Pero no todo eran guerras. También fabricábamos hoces y rejas de arado en las herrerías del Incio*. Escribíamos cancioneros de amor en la Provenza. Construíamos el Pórtico de la Gloria. Plantábamos patatas que habían venido de América.

* Pueblo de la provincia de Lugo, Galicia.

Adaptado de *La lengua de las mariposas*, de Manuel Rivas.

CLUB PRISMA · NIVEL A2/B1

1.2.1. 😊 📖 **Anota las palabras que has subrayado y vuelve a leer con atención. En esta segunda lectura, ¿has entendido alguna de esas palabras? Márcalas.**

1.2.2. 😊 ABC **Ahora, en grupos de tres o cuatro, preguntaos por el significado de las que no conocéis. Si después de hablar, todavía hay alguna que no entendéis, consultad el diccionario.**

1.2.3. 😊😊 **Localiza en el texto las frases que se corresponden con estas imágenes.**

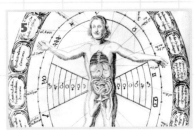

1.3. 😊😊 [29] **Ha llegado el verano y con él el final de curso. Escucha la despedida del profesor Iniesta a sus alumnos y contesta las preguntas.**
¿Qué quiere expresar el profesor cuando dice…?

1. No podéis estar casi tres meses *tumbados a la bartola*.
   ☐ a. Durmiendo todo el día.
   ☐ b. Sin hacer nada.

2. Aunque me *hayáis hecho cabrear* alguna vez…
   ☐ a. Hacer que alguien se enfade.
   ☐ b. Hacer que alguien lo pase bien.

3. *Ha merecido la pena* estar con vosotros.
   ☐ a. Ser algo valioso o útil como para hacerlo o disfrutarlo.
   ☐ b. Ser algo como un castigo para alguien.

1.3.1. 😊😊 [29] **Vuelve a escuchar y completa las frases**

1. Eso sí, los que .... alguna asignatura tenéis ejercicio extra.
2. Aunque me .... cabrear alguna vez, deseo que .... en clase tanto como yo.
3. Por supuesto, espero que .... muchísimo durante este curso.
4. Os agradezco que me .... sin interrumpirme.

Pretérito perfecto de subjuntivo

- El pretérito perfecto de subjuntivo se forma con el presente de subjuntivo del verbo *haber* más el participio del verbo que expresa la acción.

Yo	haya	
Tú	hayas	
Él/ella/usted	haya	
Nosotros/as	hayamos	+ -ar ➡ -ado
Vosotros/as	hayáis	-er/-ir ➡ -ido
Ellos/ellas/ustedes	hayan	

- El pretérito perfecto de subjuntivo tiene los mismos valores que el pretérito perfecto de indicativo. Lo usamos cuando el verbo principal requiere subjuntivo:

  ► *Espero que **hayas terminado** el trabajo.*
  ▷ *Sí, no te preocupes, ya lo he terminado.*

  ► *Creo que Samuel ha perdido el metro, porque no llega.*
  ▷ *Pues yo no creo que lo **haya perdido**, lo más probable es que se **haya dormido**.*

1.4. 🙂 📖 **Los alumnos del profesor Iniesta también han querido despedirse de su profesor y de sus compañeros. Lee sus notas de despedida.**

① "La amistad es como el mar, se ve el principio pero no el final".
Te agradezco que hayas estado a mi lado en los buenos y malos ratos.
Rafaela

② *"Un amor sin beso es como un macarrón sin queso".*
Ojalá liguéis mucho este verano.
David

③ "Siempre serás mi mejor amiga. Entre otras cosas ¡porque sabes demasiado!".
Espero que me escribas alguna postal.
Pepa

④ "El tiempo sin ti es solo 'empo'".
No te olvides de mí.
Carlos

⑤ "La inteligencia me persigue, pero yo soy más rápido".
Espero que en este curso lo hayáis pasado tan súper como yo.
Marcos

⑥ *"Las verdades del estudiante:*
a. El estudiante no se distrae... estudia las moscas.
b. El estudiante no copia... consulta.
c. El estudiante no se duerme en clase... reflexiona".
¡Profe, ojalá te lo pases bien este verano y que no te olvides de nosotros!
La clase de 3.º de ESO

1.4.1. 😜 ⚠ **Subraya las frases que llevan subjuntivo y relaciónalas con lo que quieren comunicar los estudiantes.**

Expresar deseos
- [ ]
- [ ]
- [ ]
- [ ]

Expresar agradecimiento
- Gracias por todo.
- Quiero darte las gracias por...
- Muchísimas gracias por...
- [ ]

1.5. 🙂 ✒ **Ahora, escribe una nota de despedida.**

1.5.1. 👥 💬 **Ponedlas en común toda la clase y votad las cinco más divertidas u originales.**

2 ¡Organización!

2.1. 😊 😄 [30] **Escucha el diálogo entre el profesor Iniesta y sus alumnos y marca verdadero o falso.**

	Verdadero	Falso
1. En el instituto quieren hacer una fiesta de fin de curso.	☐	☐
2. Han dividido la clase en tres grupos.	☐	☐
3. Los grupos son de: teatro, ciencias y música.	☐	☐
4. Felipe quiere organizar la exposición.	☐	☐
5. El grupo de teatro va a representar una obra de Lope de Vega.	☐	☐
6. Un entremés es una obra corta y dramática.	☐	☐
7. En el entremés hay cuatro protagonistas.	☐	☐
8. El grupo de la exposición ya sabe lo que va a hacer.	☐	☐
9. En el concierto van a cantar canciones de despedida.	☐	☐
10. Dentro de un par de días tienen otra reunión.	☐	☐

2.1.1. 😊 😄 [30] **Vuelve a escuchar y rectifica las respuestas falsas.**

2.2. 😃 ⚠ **Lee los ejemplos y completa el cuadro.**

Ejemplo
- – Qué raro que no hayan llegado.
- – Me parece muy extraño que no hayan venido.

Expresar extrañeza

• Para expresar extrañeza usamos las siguientes estructuras:

– **Qué** ☐ **/extraño.**

– **Me parece raro/** ☐ **+** ☐ **+ subjuntivo.**

– **Me extraña.**

2.2.1. 😃 😜 **Reacciona a lo que te dice tu compañero expresando extrañeza.**

Ejemplo
(A) ¿Sabes?, Pablo ha ido a ver la película Mamma mía.

(B) Qué raro que haya ido, a él no le gustan las películas musicales.

Alumno A

① Esta mañana has quedado con un amigo y no se ha presentado.

② Hace un mes le dejaste un libro que te gusta mucho a una amiga y todavía no te lo ha devuelto.

③ Felipe te ha dicho que no piensa ir a la fiesta de fin de curso.

④ Tu amigo te ha invitado a ir el domingo al fútbol.

⑤ Lorena se ha cortado el pelo cortísimo.

CONTINÚA ▷▷

1. Iván y Julia han ido a comer a un restaurante mexicano.
2. Juan ha organizado una excursión a la montaña este fin de semana.
3. Le has enviado varios *sms* a tu chico/a y no te contesta.
4. Esta tarde has visto a Óscar con un jersey amarillo chillón.
5. Hoy el profesor Iniesta ha llegado tarde al instituto.

2.3. ☺ ABᶜ **Tienes dos minutos para memorizar estas palabras. Después, tápalas y escribe todas las que recuerdes.**

hombre	campo	plantar	entrar
mujer	tierra	vender	pasar
niña	vivir	cobrar	andar
chica	casa	mandar	cenar
madre	burro	hacer	tener
padre	precio	gritar	estar

2.3.1. 👥 ABᶜ **¿Qué columna has recordado mejor? ¿Por qué? ¿Has utilizado algún truco? Poned en común vuestras tácticas para memorizar.**

2.3.2. ☺ ABᶜ **¿Cómo aprendes el vocabulario? Elige tu opción u opciones y coméntalas después con tus compañeros.**

- ☐ 1. Buscando en el diccionario.
- ☐ 2. Haciendo fichas o tarjetas.
- ☐ 3. Asociándolas a una imagen u objeto.
- ☐ 4. Asociándolas a otras palabras.
- ☐ 5. Repitiéndolas muchas veces en voz alta.
- ☐ 6. Escribiéndolas muchas veces.
- ☐ 7. Otros.

3
Con un seis y un cuatro me hago tu retrato

3.1. ☺ 📖 **El grupo que se encarga de la exposición se ha reunido para decidir el tema. Lee el diálogo que mantienen.**

Sandra: A mí me gustaría hacer una exposición de fotografías.
Felipe: No, ya se hizo el año pasado y no vamos a repetir.
Arturo: ¿Y de dibujos que hayan hecho alumnos del insti?
Sandra: ¡Uf! Eso es un rollo, la mayoría de las veces no los entregan a tiempo y tienes que ir detrás de la gente. Además, ¿tú conoces a alguien que dibuje bien?
Arturo: No, la verdad es que no.

CONTINÚA

Felipe: Yo había pensado que el tema central podría ser el autorretrato. Podemos poner algunos de pintores famosos y también podemos proponer a la gente que se haga un autorretrato y colgamos los mejores.

Amanda: Genial. ¿Quieres que pase por las clases para decirlo?

Felipe: ¡Ah! Venga, vale.

Arturo: Yo puedo buscar cosas en Internet. ¿Queréis que me encargue?

Sandra: No, no es necesario. Mi padre tiene un libro sobre pintores del siglo XX que está muy bien.

Felipe: Pues si puedes, tráelo mañana, así elegimos los que más nos gusten. También deberíamos preparar unos carteles para anunciar la exposición, ¿qué os parece?

Amanda: De acuerdo, pero mejor lo hacemos mañana que es muy tarde y yo tengo que irme a casa.

Sandra: Mi padre viene a buscarme, ¿quieres que le diga que te lleve?

Amanda: Te lo agradecería un montón, así no tengo que coger el autobús.

Arturo: Entonces, continuamos mañana.

3.1.1. 😊 ⚠ **Para ofrecer nuestra ayuda o colaboración usamos ¿*Querer* + *que* + subjuntivo? Busca en el diálogo los ejemplos para ofrecer ayuda y las respuestas para aceptarla o rechazarla y completa el cuadro.**

Ofrecer, aceptar y rechazar

Para ofrecer ayuda a alguien usamos:

- **¿*Querer* + *que* + subjuntivo?**

  - [   ]
  - [   ]
  - [   ]

Para aceptar ayuda usamos:

- [   ]
- [   ]
- De acuerdo.
- Genial, gracias, de verdad.
- Te lo agradezco en el alma.

Para rechazar ayuda usamos:

- [   ]
- No, gracias, de verdad.
- No, no hace falta, muchas gracias de todas formas.

> Genial, gracias, de verdad.

3.2. 😊😊 Cread diálogos ofreciendo ayuda y aceptándola o rechazándola.

3.3.  Relaciona cada nombre con su autorretrato.

A   **B**   **C**   **D**

1. Pablo Picasso ... ☐   **2.** Joan Miró .... ☐   **3.** Salvador Dalí .. ☐   **4.** Frida Kahlo ..... ☐

3.3.1. 😊 El siguiente poema de Rafael Alberti se refiere a uno de los autorretratos anteriores. ¿A cuál de los pintores anteriores está dedicado? Justificad vuestra respuesta.

Siempre es todo ojos.
No te quita ojos.
Se come las palabras con los ojos.
Es el siete ojos.
Es el cien mil ojos en dos ojos.
El gran mirón,
como un botón marrón
y otro botón.

El ojo de la cerradura
por el que se ve la pintura.
El que te abre bien los ojos
cuando te muerde con los ojos.
El ojo de la aguja
que solo ensarta cuando dibuja.
El que te clava con los ojos
en un abrir y cerrar de ojos.

3.4. 😊 ¿Eres capaz de hacer tu autorretrato escrito? ¿Y el de tu compañero?

4   Triste y sola

4.1. 😊 ¿Qué te sugiere esta foto?

4.1.1. 😊 Aquí os damos unas estrofas de canciones donde se habla del final de algo (un amor, una etapa, etc.) o de un adiós. Relaciónalas con lo que expresan.

1 Ya terminan nuestras clases
y, aunque estamos tan a gusto,
unos meses sin problemas,
no serán ningún disgusto.
Viviremos unos días
en completa libertad.
¡Pobrecitos nuestros padres!
Lo que van a soportar.

2 El final del verano
llegó y tú partirás.
Yo no sé hasta cuándo
este amor recordarás.
Pero sé que en mis brazos
yo te tuve ayer.
Eso sí que nunca,
nunca yo lo olvidaré.

CONTINÚA ▶▶▶

3 ¡Qué lástima!, pero adiós,
me despido de ti y me voy.
¡Qué lástima!, pero adiós,
me despido de ti y me voy.
Porque sé que me espera algo mejor,
alguien que sepa darme amor
de ese que endulza la sal
Y hace que salga el sol.

4 Cuando salí de mi tierra
volví la cara llorando,
porque lo que más quería
atrás me lo iba dejando.
Adiós, mi España querida,
dentro de mi alma
te llevo metida.

a. Un emigrante que deja su patria .... ☐

c. El final de curso .... ☐

b. Una ruptura sentimental................. ☐

d. Un amor de vacaciones .... ☐

4.2. 😊 📖 **Lee la letra de la canción *Fin de curso*, del grupo Parchís y ordena las estrofas.**

1.
Nada de "Matracas",
nada de problemas,
Ciencias Naturales,
Lenguaje y Sociales.

Nada de "Matracas",
nada de problemas,
las asignaturas,
¡Esto es una lata!

2.
Es la fiesta fin de curso,
la que tanto nos agrada
y remata un año entero
de lecciones trabajadas.

3.
Ya terminan nuestras clases,
y aunque estamos tan a gusto,
unos meses sin problemas
no serán ningún disgusto.

4.
Dejaremos nuestras aulas,
los deberes y lecciones,
y entre todos pasaremos
unas buenas vacaciones.

5.
Viviremos unos días
en completa libertad,
pobrecitos nuestros padres
lo que van a soportar.

Nada de "Matracas",
nada de problemas,
Ciencias Naturales,
Lenguaje y Sociales.

Nada de "Matracas",
nada de problemas,
las asignaturas,
¡Esto es una lata!

4.2.1. 😀😀 **Ahora relaciona cada información con la estrofa que corresponde.**

☐ **a.** Disfrutarán de un tiempo sin obligaciones. Sin embargo, para los padres es más difícil y cansado.

☐ **b.** No tendrán que estudiar ni Matemáticas, ni Lengua, ni Sociales...

☐ **c.** La escuela les gusta y lo pasan bien pero están contentos porque estarán unos meses sin estudiar.

☐ **d.** Empiezan las vacaciones de verano.

☐ **e.** Termina el curso y los estudiantes celebran una fiesta.

4.3. 😊 ✏️ **Y para vosotros, ¿qué representa el final de curso?**

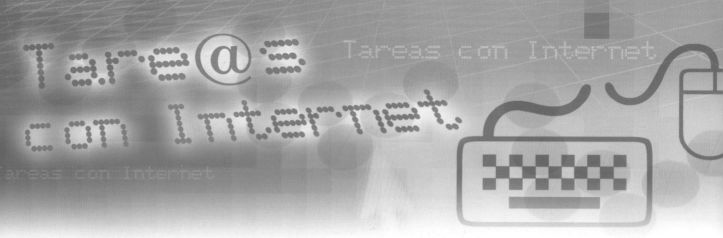
1 En España cuando llega el verano los pueblos y ciudades se visten de fiesta. ¿Cuál de las fiestas siguientes crees que se celebra en esta época? Relaciona las fotos con las fiestas.

☐ a. San Juan   ☐ b. Los sanfermines   ☐ c. La tomatina

2 La verbena de San Juan se celebra en muchos lugares de España. ¿Hay alguna fiesta similar en tu país? Consulta la web http://es.wikipedia.org/wiki/Hogueras_de_san_juan

3 Contesta verdadero o falso a estas afirmaciones sobre los sanfermines.
http://www.turismo.navarra.es/esp/propuestas/san-fermines/

	Verdadero	Falso
1. El origen de las fiestas de San Fermín está en la Edad Media.	☐	☐
2. Según la tradición, San Fermín fue el primer obispo de Pamplona.	☐	☐
3. La primera vez que Ernest Hemingway estuvo en Pamplona fue el 6 de junio de 1923.	☐	☐
4. El encierro es el acto principal de las fiestas.	☐	☐
5. El encierro empieza a las 9 en punto de la mañana.	☐	☐

4 Completa el texto y conocerás el origen de la tomatina. Entra en:
http://www.bunyol.es/html/main3.php?pagina=tomatina.php

Todo comenzó en .... cuando unos jóvenes empezaron a pelearse. Cogieron ....
y comenzaron a lanzarlos contra sus .... Al año siguiente y el mismo .... del
mes de agosto, los jóvenes del pueblo volvieron a reunirse llevando los tomates.

En .... será el Ayuntamiento el que se haga cargo de la .... de la fiesta.

5 ¿Quieres ver cómo es la fiesta? Entra en:
http://www.youtube.com/watch?v=z7DOoYyIDTI

PROGRESANDO

1 ¿Eres capaz de escribir diez palabras relacionadas con la escuela?

....

2 ¿Puedes decir cómo se forma el pretérito perfecto de subjuntivo?

....

....

3 ¿Puedes explicar cuándo usamos el pretérito perfecto de subjuntivo? Pon un ejemplo.

....

....

....

4 ¿Eres capaz de escribir cómo comunicamos deseos?

....

....

....

5 ¿Eres capaz de escribir cómo comunicamos agradecimiento?

....

....

....

6 ¿Eres capaz de escribir cómo expresamos extrañeza?

....

....

....

7 ¿Puedes escribir cómo aceptamos la ayuda o colaboración de alguien?

....

....

....

8 ¿Puedes escribir cómo rechazamos la ayuda o colaboración de alguien?

....

....

....

9 ¿Recuerdas el nombre de algún pintor español?

....

10 ¿Puedes escribir alguna frase hecha que hayas aprendido en esta unidad?

....

El pretérito indefinido de indicativo

▪ Verbos regulares.

	habl**ar**	com**er**	viv**ir**
Yo	habl**é**	com**í**	viv**í**
Tú	habl**aste**	com**iste**	viv**iste**
Él/ella/usted	habl**ó**	com**ió**	viv**ió**
Nosotros/as	habl**amos**	com**imos**	viv**imos**
Vosotros/as	habl**asteis**	com**isteis**	viv**isteis**
Ellos/ellas/ustedes	habl**aron**	com**ieron**	viv**ieron**

▪ Verbos irregulares.

En pretérito indefinido hay varios grupos de verbos irregulares.

· Totalmente irregulares.

	ser/ir	dar
Yo	**fui**	**di**
Tú	**fuiste**	**diste**
Él/ella/usted	**fue**	**dio**
Nosotros/as	**fuimos**	**dimos**
Vosotros/as	**fuisteis**	**disteis**
Ellos/ellas/ustedes	**fueron**	**dieron**

> **Recuerda:**
> · El significado del verbo *ser* o *ir* en pretérito indefinido depende siempre del contexto.
> · Estos verbos irregulares no llevan acento (´):
>   *Él fué → Él fue.*

· Irregulares en la raíz verbal.

	estar	andar	tener	haber
Yo	**estuve**	**anduve**	**tuve**	**hube**
Tú	**estuviste**	**anduviste**	**tuviste**	**hubiste**
Él/ella/usted	**estuvo**	**anduvo**	**tuvo**	**hubo**
Nosotros/as	**estuvimos**	**anduvimos**	**tuvimos**	**hubimos**
Vosotros/as	**estuvisteis**	**anduvisteis**	**tuvisteis**	**hubisteis**
Ellos/ellas/ustedes	**estuvieron**	**anduvieron**	**tuvieron**	**hubieron**

	poder	poner	saber	caber
Yo	**pude**	**puse**	**supe**	**cupe**
Tú	**pudiste**	**pusiste**	**supiste**	**cupiste**
Él/ella/usted	**pudo**	**puso**	**supo**	**cupo**
Nosotros/as	**pudimos**	**pusimos**	**supimos**	**cupimos**
Vosotros/as	**pudisteis**	**pusisteis**	**supisteis**	**cupisteis**
Ellos/ellas/ustedes	**pudieron**	**pusieron**	**supieron**	**cupieron**

	venir	querer	hacer
Yo	**vine**	**quise**	**hice**
Tú	**viniste**	**quisiste**	**hiciste**
Él/ella/usted	**vino**	**quiso**	**hizo**
Nosotros/as	**vinimos**	**quisimos**	**hicimos**
Vosotros/as	**vinisteis**	**quisisteis**	**hicisteis**
Ellos/ellas/ustedes	**vinieron**	**quisieron**	**hicieron**

> **Recuerda:**
> · Los compuestos de los verbos irregulares son también irregulares:
>   *propuse, propusiste, propuso...*

> 🔖 Recuerda:
> - Solo es irregular la raíz verbal. Las terminaciones son iguales para todos los verbos, independientemente de si son verbos acabados en -ar, -er o -ir.
> - Estos verbos irregulares no llevan acento ('):
>   – Él ~~vinó~~ ➡ Él vino.
> - Recuerda los cambios ortográficos **c>z** (za, zo, zu, ce, ci).

- Irregulares en la raíz verbal y en la 3.ª persona del plural.

	decir	traer
Yo	dije	traje
Tú	dijiste	trajiste
Él/ella/usted	dijo	trajo
Nosotros/as	dijimos	trajimos
Vosotros/as	dijisteis	trajisteis
Ellos/ellas/ustedes	dijeron	trajeron

> 🔖 Recuerda:
> - Este grupo de verbos es irregular en la raíz verbal y, en la 3.ª persona del plural, la terminación no es -ieron, sino -eron. La razón está en la -j- de la raíz verbal.
> - Estos verbos irregulares no llevan acento ('):
>   – Él ~~dijó~~ ➡ Él dijo.

- Otros irregulares.

	Cambio de vocal e > i, o > u en la raíz verbal de la 3.ª persona de singular y plural.		Cambio de vocal i > y en la terminación de la 3.ª persona del singular y plural.
	e>i	**o>u**	**i>y**
	pedir	**dormir**	**leer**
Yo	pedí	dormí	leí
Tú	pediste	dormiste	leíste
Él/ella/usted	pidió	durmió	leyó
Nosotros/as	pedimos	dormimos	leímos
Vosotros/as	pedisteis	dormisteis	leísteis
Ellos/ellas/ustedes	pidieron	durmieron	leyeron

> 🔖 **Funcionan como:**
> - **Pedir:** sentir, servir, divertirse, medir, preferir, corregir, mentir...
> - **Leer:** construir, producir, reducir, caer, oír, creer, destruir...
> - **Dormir:** morir(se).

El pretérito perfecto de indicativo

El **pretérito perfecto** se forma con el presente de indicativo del verbo *haber*, más el participio del verbo que se conjuga.

■ **Verbos regulares.**

	haber		participio
Yo	he		
Tú	has		-ar > **-ado**
Él/ella/usted	ha	+	-er > **-ido**
Nosotros/as	hemos		-ir > **-ido**
Vosotros/as	habéis		
Ellos/ellas/ustedes	han		

■ **Participios irregulares.**

morir ➡ **muerto**	escribir ➡ **escrito**	hacer ➡ **hecho**	ver ➡ **visto**
abrir ➡ **abierto**	romper ➡ **roto**	volver ➡ **vuelto**	decir ➡ **dicho**
poner ➡ **puesto**	cubrir ➡ **cubierto**	resolver ➡ **resuelto**	freír ➡ **frito**

El pretérito imperfecto de indicativo

■ **Verbos regulares.**

	habl**ar**	com**er**	viv**ir**
Yo	habl**aba**	com**ía**	viv**ía**
Tú	habl**abas**	com**ías**	viv**ías**
Él/ella/usted	habl**aba**	com**ía**	viv**ía**
Nosotros/as	habl**ábamos**	com**íamos**	viv**íamos**
Vosotros/as	habl**abais**	com**íais**	viv**íais**
Ellos/ellas/ustedes	habl**aban**	com**ían**	viv**ían**

■ **Verbos irregulares.**

	ser	ir	ver
Yo	**era**	**iba**	**veía**
Tú	**eras**	**ibas**	**veías**
Él/ella/usted	**era**	**iba**	**veía**
Nosotros/as	**éramos**	**íbamos**	**veíamos**
Vosotros/as	**erais**	**ibais**	**veíais**
Ellos/ellas/ustedes	**eran**	**iban**	**veían**

Usos de los tiempos de pasado: pretérito perfecto, imperfecto e indefinido

■ El **pretérito perfecto** y el **pretérito indefinido** son tiempos que nos informan de sucesos acabados en un tiempo pasado. El pretérito perfecto sitúa el suceso en un tiempo pasado, pero sus efectos todavía permanecen en el momento presente. Así pues, las acciones que expresamos en pretérito perfecto están más próximas al presente que si las expresamos en pretérito indefinido.

   – Hoy **he salido** del gimnasio a las siete de la tarde.

Es, además, el tiempo que empleamos cuando queremos transmitir una información que incluye el momento presente, por ejemplo: *Nunca **he estado** en París.*

Con el **pretérito indefinido** nos referimos a sucesos acabados en un tiempo pasado y terminado sin relación con el tiempo presente. Por esta razón, los marcadores temporales que lo suelen acompañar son: *ayer, el año pasado, en 1999...*

   – El verano pasado **fui** a Ibiza de vacaciones con mis amigos.

■ Con el **pretérito imperfecto** transmitimos un suceso sin mencionar su final: el imperfecto sitúa la acción en un momento pasado (cerca o lejos del momento presente) simultáneo a otra acción también pasada. Los marcadores temporales que suelen acompañar al pretérito imperfecto son: *antes, siempre, todos los días/domingos/meses/años..., a menudo, normalmente...*

   – Esta mañana, cuando he salido de casa, **llovía** mucho.

El pretérito imperfecto se utiliza para:

• describir personas, animales, objetos o lugares;
   – Su abuela **era** alta y **tenía** los ojos azules.

• describir un periodo amplio de tiempo ya pasado. En este caso, el imperfecto representa sucesos que se repiten;
   – Todos los días me **levantaba** a las seis de la mañana.

• pedir algo a alguien con cortesía.
   ►¿Qué **quería**?
   ▷ **Quería** unos pantalones vaqueros.

Cuando se alternan imperfectos e indefinidos en un relato, sabemos que el **pretérito imperfecto** se reserva para formular las descripciones y para informar de las circunstancias que rodean los sucesos y el **pretérito indefinido** para expresar los hechos y acciones fundamentales y puntuales.

   – Cuando Juan **salió** de su casa, **llovía** mucho. **Había** mucho tráfico porque **era** la hora de la salida de las escuelas y oficinas. La gente **caminaba** lentamente y los conductores de los coches **esperaban** con paciencia el paso de los peatones. Juan se **cubrió** con la capucha del impermeable para protegerse de la lluvia y **cruzó** la calle rápidamente.

Marcadores temporales de pasado

Marcadores temporales de pretérito perfecto

■ **Indican periodo preciso de tiempo no terminado que incluye el presente.**

- Esta tarde/esta semana...
- Este verano/invierno...
- Este mes/año...
- Este lunes/martes...
- Hoy.
- Hace un momento/un rato.
  - _Esta mañana_ **he trabajado** mucho.
  - _Hace un momento_ **he hablado** con Luis.

■ **Indican el número de veces que ha ocurrido una acción hasta el presente** (pero no informamos sobre cuándo ha ocurrido).

- Siempre ➜ Toda la vida.
- Muchas veces.
- Alguna vez/Algunas veces.
- Nunca ➜ Jamás ➜ En la vida.
  - _Nunca_ **he estado** en Japón*.
  - _En la vida_ **he conocido** a nadie como él*.
  - Marta _siempre_ **ha vivido** en Sevilla* .

  * Estas personas están vivas porque el uso del pretérito perfecto indica que su vida es un tiempo **no** terminado.

■ **Indica periodo impreciso de un tiempo no terminado que incluye presente.**

- Últimamente.
  - _Últimamente_ no **he salido** mucho.

■ **Indica que se ha realizado una acción esperada.**

- Ya.
  - _Ya_ **he visitado** la Sagrada Familia.

■ **Indican que una acción no se ha realizado hasta el presente, pero que la persona quiere realizarla en el futuro.**

- Todavía no ➜ No todavía.
- Aún no.
  - _Todavía no_ **he leído** Don Quijote de la Mancha.
  - _No_ **he leído** _todavía_ Don Quijote de la Mancha.
  - _Aún no_ **he leído** Don Quijote de la Mancha.

Marcadores temporales de pretérito indefinido

■ **Indican periodo preciso de tiempo terminado en el pasado.**

- Ayer (por la mañana/al mediodía...).
- Anteayer/Antes de ayer.
- Anoche.
- El lunes/martes... pasado.
- La semana pasada.
- El mes/año... pasado.
- Hace dos meses.
- En enero/En enero del año pasado/En enero de hace dos años...
- En 1990/En marzo de 1985.
- El 25 de septiembre de 1982.
- A los nueve años.
  - _El lunes pasado_ **trabajé** mucho.

■ **Indican el número de veces que ocurrió una acción en un periodo terminado y cerrado en el pasado.**

- Siempre ➜ Toda la vida.
- Muchas veces.
- Alguna vez/Algunas veces.
- Nunca ➜ Jamás ➜ En la vida.
  - Mi abuelo _nunca_ **viajó** al extranjero*.
  - Marta _siempre_ **vivió** en Sevilla*.
  - De niña **fui** a Madrid _muchas veces_**.

  * Estas personas están muertas porque el uso del pretérito indefinido indica que su vida es un tiempo terminado.

  ** Hablamos de una etapa de la vida terminada y cerrada: _De niña_.

■ **Indican periodo de tiempo terminado, cerrado o delimitado en el pasado.**

- Siete días/semanas/meses/años...
- Durante nueve días/semanas...
- (Durante) toda su vida...
- Desde el lunes hasta el martes.
- De 1985 a 1990.
- Hasta su muerte/la jubilación...
- Hasta que se murió/se jubiló.
  - **Viví** en Roma _de 1985 a 1990/cinco años_.
  - Dalí se **dedicó** a la pintura _toda su vida/hasta su muerte_.

■ **Relacionan dos acciones diferentes ocurridas en dos momentos del pasado.**

- Cinco años después...
- Cinco años más tarde...
- Después de cinco años...
- Al cabo de cinco años...
- A los cinco años...
  - Ana **vino** a España _en 1990_ y _a los siete años_ se **fue**.
  - Ana **vino** a España _en 1990_ y _siete años después_ se **fue**.

■ Hay dos grupos de marcadores temporales de pretérito imperfecto:

* La palabra **antes**, que indica un momento indefinido del pasado en contraste con el presente.
    – **Antes** comía mucho, ahora ya no como tanto.

* Palabras que expresan la habitualidad de una acción en un periodo de tiempo del pasado.
    – Cuando **era** pequeña **iba** al campo con mi familia _todos los domingos_.
    – _A veces_, cuando **llovía**, **nos quedábamos** en casa y **jugábamos** a las cartas. Yo **perdía** _casi siempre_ porque **tenía** muy mala suerte...

■ También son marcadores de pretérito imperfecto:

* Siempre.
* Casi siempre.
* Todos los días/los domingos/los meses/los años...
* Todas las semanas/las mañanas/las tardes/las noches...
* Con frecuencia.

* A menudo.
* A veces.
* Normalmente.
* Casi nunca.
* Nunca.

El pretérito pluscuamperfecto de indicativo

El **pretérito pluscuamperfecto** se forma con el pretérito imperfecto del verbo _haber_, más el participio del verbo que se conjuga.

■ **Verbos regulares.**

	haber
Yo	había
Tú	habías
Él/ella/usted	había
Nosotros/as	habíamos
Vosotros/as	habíais
Ellos/ellas/ustedes	habían

+

participio

-ar > **-ado**
-er > **-ido**
-ir > **-ido**

■ **Participios irregulares.**

morir ➡ **muerto**		volver ➡ **vuelto**
escribir ➡ **escrito**		decir ➡ **dicho**
hacer ➡ **hecho**		poner ➡ **puesto**
ver ➡ **visto**		cubrir ➡ **cubierto**
abrir ➡ **abierto**		resolver ➡ **resuelto**
romper ➡ **roto**		freír ➡ **frito**

■ El **pretérito pluscuamperfecto** se usa en español principalmente para referirnos a acciones pasadas anteriores a otra acción también pasada, y puede aparecer combinado con cualquiera de los otros tiempos del pasado.

    – Esta mañana he ido al Parque de Atracciones aunque ya **había estado** antes.
    – Ayer fui al cine, aunque ya **había visto** todas las películas.
    – No sabía que **habían salido** tan pronto.

El pretérito pluscuamperfecto puede usarse también en combinación con otros tiempos que se refieren al presente.

    – Estoy leyendo un libro que ya **había leído**.
    – Ahora vivo en España, pero ya **había vivido** aquí hace unos años.

■ Con este tiempo nos referimos también a acciones que realizamos por primera vez en el momento en que hablamos.

    – ¡Nunca **había disfrutado** tanto!
    – ¡Nunca en mi vida **había tenido** tan malas notas en Matemáticas!

En ocasiones, especialmente cuando hablamos, es posible sustituir el pretérito pluscuamperfecto por el pretérito indefinido. Esto solo puede hacerse cuando la referencia a un pasado anterior está muy clara gracias a los marcadores temporales o al contexto.

    – Estoy leyendo un libro que ya **había leído** hace años.
    – Estoy leyendo un libro que ya **leí** hace años.

Condicional simple

En el **condicional simple**, como en el futuro, añadimos las mismas terminaciones a las tres conjugaciones.

■ **Verbos regulares.**

	habl**ar**	com**er**	viv**ir**
Yo	hablar**ía**	comer**ía**	vivir**ía**
Tú	hablar**ías**	comer**ías**	vivir**ías**
Él/ella/usted	hablar**ía**	comer**ía**	vivir**ía**
Nosotros/as	hablar**íamos**	comer**íamos**	vivir**íamos**
Vosotros/as	hablar**íais**	comer**íais**	vivir**íais**
Ellos/ellas/ustedes	hablar**ían**	comer**ían**	vivir**ían**

■ **Verbos irregulares.**

	caber	decir	haber	hacer	poder	poner
Yo	cabría	diría	habría	haría	podría	pondría
Tú	cabrías	dirías	habrías	harías	podrías	pondrías
Él/ella/usted	cabría	diría	habría	haría	podría	pondría
Nosotros/as	cabríamos	diríamos	habríamos	haríamos	podríamos	pondríamos
Vosotros/as	cabríais	diríais	habríais	haríais	podríais	pondríais
Ellos/ellas/ustedes	cabrían	dirían	habrían	harían	podrían	pondrían

	querer	saber	salir	tener	valer	venir
Yo	querría	sabría	saldría	tendría	valdría	vendría
Tú	querrías	sabrías	saldrías	tendrías	valdrías	vendrías
Él/ella/usted	querría	sabría	saldría	tendría	valdría	vendría
Nosotros/as	querríamos	sabríamos	saldríamos	tendríamos	valdríamos	vendríamos
Vosotros/as	querríais	sabríais	saldríais	tendríais	valdríais	vendríais
Ellos/ellas/ustedes	querrían	sabrían	saldrían	tendrían	valdrían	vendrían

Usos del condicional simple

■ Expresar cortesía.

> – Perdón, ¿**podría** decirme dónde está la calle Valencia?

■ Dar consejos.

En español, tenemos distintas estructuras que nos sirven para dar un consejo o sugerir algo:

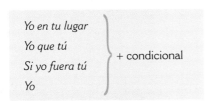

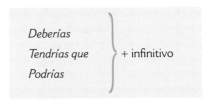

> ► Me duele mucho la cabeza.
> ▷ Yo en tu lugar me **tomaría** una aspirina./**Deberías tomar**te una aspirina.

■ Expresar un deseo en el futuro.

> – Me **gustaría** ir de excursión el próximo domingo.

■ Expresar probabilidad en el pasado.

Usamos el condicional para expresar una hipótesis o algo de lo que no estamos seguros, que ocurrió en el pasado:

> ► ¿A qué hora llegó Juan anoche?
> ▷ **Eran** las nueve. (Lo sé)
> ▷ **Serían** las nueve. (No lo sé)

Futuro perfecto de indicativo

El futuro perfecto de indicativo se forma con el futuro imperfecto del verbo *haber*, más el participio del verbo que se conjuga.

■ **Verbos regulares.**

	haber		participio
Yo	**habré**		
Tú	**habrás**		
Él/ella/usted	**habrá**	+	-ar > **-ado**
Nosotros/as	**habremos**		-er > **-ido**
Vosotros/as	**habréis**		-ir > **-ido**
Ellos/ellas/ustedes	**habrán**		

■ **Participios irregulares.**

morir ➧ **muerto**		escribir ➧ **escrito**		hacer ➧ **hecho**		ver ➧ **visto**
abrir ➧ **abierto**		romper ➧ **roto**		volver ➧ **vuelto**		decir ➧ **dicho**
poner ➧ **puesto**		cubrir ➧ **cubierto**		resolver ➧ **resuelto**		freír ➧ **frito**

Usos del futuro perfecto de indicativo

■ El **futuro perfecto de indicativo** se usa para hablar de acciones futuras que estarán terminadas en el momento futuro del que hablamos.

> – Mañana a las once ya **habré terminado** el examen de Literatura.
> – A final de mes Juan y María **habrán recorrido** toda Europa.

■ También lo usamos para formular hipótesis (cosas que suponemos) sobre un tiempo pasado, pero reciente. En este caso se relaciona con el pretérito perfecto de indicativo.

> ► Esta mañana **he llamado** a Luisa, pero no estaba en su casa.
> ▷ Pues no sé, **habrá ido** a visitar a su madre, está enferma.

Formular hipótesis con indicativo

Las hipótesis (cosas que suponemos) las podemos formular en:

Tiempo presente	Tiempo pasado reciente	Tiempo pasado
– ¿Sabes dónde está Ana? La estoy llamando a casa y no responde. – No sé, **estará** durmiendo y no oye el teléfono.	– ¿Sabes a qué hora ha llegado hoy Luis? – Pues no sé, **habrá llegado** sobre las tres de la tarde porque cogió el tren de las dos.	– ¿Sabes a qué hora llegó ayer Luis? – Pues no sé, **llegaría** sobre las tres de la tarde porque cogió el tren de las dos.

Para expresar la probabilidad, además de los tiempos verbales, podemos utilizar los siguientes marcadores:

Probabilidad alta	Probabilidad media	Probabilidad baja
Creo que *Me parece que* *Seguro que*	*Supongo que* *Me imagino que* *Sí, seguramente*	*Quizá(s)* *A lo mejor* *Tal vez*
+	+	+
indicativo	indicativo	indicativo

El imperativo

■ Verbos regulares.

• Imperativo afirmativo:

	habl**ar**	le**er**	escrib**ir**
Tú	habl**a**	le**e**	escrib**e**
Vosotros/as	habl**ad**	le**ed**	escrib**id**
	a>e	e>a	e>a
Usted	habl**e**	le**a**	escrib**a**
Ustedes	habl**en**	le**an**	escrib**an**

• Imperativo negativo:

	habl**ar**	le**er**	escrib**ir**
Tú	no habl**es**	no le**as**	no escrib**as**
Vosotros/as	no habl**éis**	no le**áis**	no escrib**áis**
Usted	no habl**e**	no le**a**	no escrib**a**
Ustedes	no habl**en**	no le**an**	no escrib**an**

■ Verbos irregulares.

• Imperativo afirmativo:

Los verbos irregulares parten de la primera persona singular del presente indicativo para formar el imperativo.

	poner	tener	venir	salir	decir
Tú	pong~~o~~ ➡ **pon**	teng~~o~~ ➡ **ten**	veng~~o~~ ➡ **ven**	salg~~o~~ ➡ **sal**	dig~~o~~ ➡ **di**
Vosotros/as	poned	tened	venid	salid	decid
Usted	pong~~o~~ ➡ **ponga**	teng~~o~~ ➡ **tenga**	veng~~o~~ ➡ **venga**	salg~~o~~ ➡ **salga**	dig~~o~~ ➡ **diga**
Ustedes	pong~~o~~ ➡ **pongan**	teng~~o~~ ➡ **tengan**	veng~~o~~ ➡ **vengan**	salg~~o~~ ➡ **salgan**	dig~~o~~ ➡ **digan**

	hacer	oír	ir	ser
Tú	hag~~o~~ ➡ **haz**	oig~~o~~ ➡ **oye**	vo~~y~~ ➡ **ve**	so~~y~~ ➡ **sé**
Vosotros/as	haced	oíd	id	sed
Usted	hag~~o~~ ➡ **haga**	oig~~o~~ ➡ **oiga**	vo~~y~~ ➡ **vaya**	so~~y~~ ➡ **sea**
Ustedes	hag~~o~~ ➡ **hagan**	oig~~o~~ ➡ **oigan**	vo~~y~~ ➡ **vayan**	so~~y~~ ➡ **sean**

Cambios vocálicos.

	e > ie	o > ue	u > ue	e > i	i > y
Tú	cerrar ➡ **cierra**	dormir ➡ **duerme**	jugar ➡ **juega**	pedir ➡ **pide**	construir ➡ **construye**
Vosotros/as	cerrad	dormid	jugad	pedid	construid
Usted	cerrar ➡ **cierre**	dormir ➡ **duerma**	jugar ➡ **juegue**	pedir ➡ **pida**	construir ➡ **construya**
Ustedes	cerrar ➡ **cierren**	dormir ➡ **duerman**	jugar ➡ **jueguen**	pedir ➡ **pidan**	construir ➡ **construyan**

> 🔖 **Atención:** la persona *vosotros* del imperativo afirmativo siempre es regular.

• Imperativo negativo:

	poner	tener	venir	salir	decir
Tú	no **pongas**	no **tengas**	no **vengas**	no **salgas**	no **digas**
Vosotros/as	no **pongáis**	no **tengáis**	no **vengáis**	no **salgáis**	no **digáis**
Usted	no **ponga**	no **tenga**	no **venga**	no **salga**	no **diga**
Ustedes	no **pongan**	no **tengan**	no **vengan**	no **salgan**	no **digan**

	hacer	oír	ir	ser
Tú	no **hagas**	no **oigas**	no **vayas**	no **seas**
Vosotros/as	no **hagáis**	no **oigáis**	no **vayáis**	no **seáis**
Usted	no **haga**	no **oiga**	no **vaya**	no **sea**
Ustedes	no **hagan**	no **oigan**	no **vayan**	no **sean**

Cambios vocálicos.

	e > ie	o > ue	u > ue	e > i	i > y
Tú	no **cierres**	no **duermas**	no **juegues**	no **pidas**	no **construyas**
Vosotros/as	no **cerréis**	no **durmáis**	no **juguéis**	no **pidáis**	no **construyáis**
Usted	no **cierre**	no **duerma**	no **juegue**	no **pida**	no **construya**
Ustedes	no **cierren**	no **duerman**	no **jueguen**	no **pidan**	no **construyan**

Usos del imperativo

■ Usamos el **imperativo** para:

• Dar órdenes en contextos familiares o de mucha confianza (las suavizamos con el tono o diciendo *por favor*).
  – *Marta, **pon** la mesa (por favor).* ➡ Contexto: en casa.
  – ***Déja**me el boli un momento (por favor).* ➡ Contexto: en la escuela.

• Dar instrucciones.
  – ***Dejen** salir antes de entrar.* ➡ Contexto: en el metro.
  – *¿Una farmacia? Sí..., **siga** esta calle hasta el semáforo y luego **gire** la primera a la derecha.* ➡ Contexto: en la calle.

• Dar consejos.
  – *Si quieres aprender español, **ven** a estudiar a España.*
  – ***Tóme**se estas hierbas. Son buenas para el dolor de estómago.*

Imperativo + pronombres

■ Cuando usamos el imperativo en la **forma afirmativa**, escribimos los pronombres detrás formando una única palabra.

▶ *¿Dónde pongo el equipo de música?*
▷ *Pon**lo** ahí.*
▶ *¿Y la tele?*
▷ *Déja**la** encima de la mesa.*
▶ *¿Y los libros?*
▷ *Colóca**los** en la estantería.*

▶ *¿Y las plantas?*
▷ *Lléva**las** a la terraza.*
▶ *¿Y qué hago con los CD?*
▷ *No sé. Pregúnta**selo** a Miguel.*
▶ *Y con esto, ¿qué hago?*
▷ *Dá**melo** a mí.*

■ Cuando usamos el imperativo en la **forma negativa**, escribimos los pronombres delante de la forma verbal.

▶ *No **le** des tantos caramelos a la niña.*
▷ *Pero si no son muchos. Son solo cinco.*
▶ *Bueno..., dá**selos**; pero no **se los** des todos ahora.*

Presente de subjuntivo

■ **Verbos regulares.**

	-ar > -e habl**ar**	-er > -a com**er**	-ir > -a viv **ir**
Yo	habl**e**	com**a**	viv**a**
Tú	habl**es**	com**as**	viv**as**
Él/ella/usted	habl**e**	com**a**	viv**a**
Nosotros/as	habl**emos**	com**amos**	viv**amos**
Vosotros/as	habl**éis**	com**áis**	viv**áis**
Ellos/ellas/ustedes	habl**en**	com**an**	viv**an**

■ **Verbos irregulares.**

• Cambios de vocal **e>ie**, **o>ue**, **u>ue** en la 1.ª, 2.ª y 3.ª persona del singular y en la 3.ª del plural y **e>i**, **i>y** en todas las personas.

	e > ie qu**e**rer	**o > ue** p**o**der	**u > ue** j**u**gar	**e > i** p**e**dir	**i > y** constru**i**r
Yo	quier**a**	pued**a**	juegu**e**	pid**a**	construy**a**
Tú	quier**as**	pued**as**	juegu**es**	pid**as**	construy**as**
Él/ella/usted	quier**a**	pued**a**	juegu**e**	pid**a**	construy**a**
Nosotros/as	quer**amos**	pod**amos**	jugu**emos**	pid**amos**	construy**amos**
Vosotros/as	quer**áis**	pod**áis**	jugu**éis**	pid**áis**	construy**áis**
Ellos/ellas/ustedes	quier**an**	pued**an**	juegu**en**	pid**an**	construy**an**

• Algunas excepciones.

	e > ie s**e**ntir	**o > ue** d**o**rmir
Yo	sient**a**	duerm**a**
Tú	sient**as**	duerm**as**
Él/ella/usted	sient**a**	duerm**a**
Nosotros/as	sint**amos**	durm**amos**
Vosotros/as	sint**áis**	durm**áis**
Ellos/ellas/ustedes	sient**an**	duerm**an**

📖 **Funcionan como:**
• **Sentir:** consentir, disentir, mentir, divertirse, advertir...
• **Dormir:** morir.

📖 Presta atención a los cambios ortográficos:
• ga/go/gu ➤ **gue/gui.** Ejemplo: Jugar: *juegue, juegues...*
• ge/gi ➤ **ja/jo/ju.** Ejemplo: Coger: *coja, cojas...*
• za/zo/zu ➤ **ce/ci.** Ejemplo: Gozar: *goce, goces...*
• ca/co/cu ➤ **que/qui.** Ejemplo: Sacar: *saque, saques...*

• Cambios en la raíz verbal que afectan a todas las personas.

	1.ª persona presente de indicativo	Raíz verbal del presente de subjuntivo	Terminaciones del presente de subjuntivo
Tener	tengo	**teng-**	-a
Venir	vengo	**veng-**	-as
Poner	pongo	**pong-**	-a
Hacer	hago	**hag-**	+ -amos
Salir	salgo	**salg-**	-áis
Decir	digo	**dig-**	-an
Oír	oigo	**oig-**	

• Totalmente irregulares.

	ser	**estar**	**ir**	**haber**	**saber**
Yo	**sea**	**esté**	**vaya**	**haya**	**sepa**
Tú	**seas**	**estés**	**vayas**	**hayas**	**sepas**
Él/ella/usted	**sea**	**esté**	**vaya**	**haya**	**sepa**
Nosotros/as	**seamos**	**estemos**	**vayamos**	**hayamos**	**sepamos**
Vosotros/as	**seáis**	**estéis**	**vayáis**	**hayáis**	**sepáis**
Ellos/ellas/ustedes	**sean**	**estén**	**vayan**	**hayan**	**sepan**

Pretérito perfecto de subjuntivo

El **pretérito perfecto de subjuntivo** se forma con el presente de subjuntivo del verbo *haber*, más el participio del verbo que se conjuga.

■ **Verbos regulares.**

	haber		**participio**
Yo	**haya**		
Tú	**hayas**		-ar > **-ado**
Él/ella/usted	**haya**	+	-er > **-ido**
Nosotros/as	**hayamos**		-ir > **-ido**
Vosotros/as	**hayáis**		
Ellos/ellas/ustedes	**hayan**		

■ **Participios irregulares.**

morir ➡ **muerto**	escribir ➡ **escrito**	hacer ➡ **hecho**	ver ➡ **visto**
abrir ➡ **abierto**	romper ➡ **roto**	volver ➡ **vuelto**	decir ➡ **dicho**
poner ➡ **puesto**	cubrir ➡ **cubierto**	resolver ➡ **resuelto**	freír ➡ **frito**

Usos del pretérito perfecto de subjuntivo

■ El **pretérito perfecto de subjuntivo** es un tiempo compuesto en el que el participio pasado expresa una acción anterior al momento al que se refiere el hablante.

> ►¿Ha llegado Fernando?
> ▷ Sí, ha llegado esta mañana.
> ► Espero que **haya llegado** bien.

Como vemos en el ejemplo anterior, el pretérito perfecto de subjuntivo tiene los mismos valores que el pretérito perfecto de indicativo. Así, cuando el verbo de la oración principal exija la presencia de subjuntivo en la oración subordinada, el verbo lo pondremos en pretérito perfecto de subjuntivo.

Usos del subjuntivo

■ Expresar deseos.

En español podemos expresar un deseo usando la siguiente estructura:

> **Desear/querer/necesitar/preferir/esperar** + infinitivo

En este caso, las oraciones tienen un único sujeto.

– (Yo) Quiero comprar un mp4.
– (Vosotros) Necesitáis estudiar más.
– (Nosotros) Esperamos ir de vacaciones muy pronto.

En ocasiones queremos expresar un deseo hacia otras personas. En este caso usamos la estructura:

> **Desear/querer/necesitar/preferir/esperar** + **que** + subjuntivo

El segundo verbo aparece obligatoriamente en subjuntivo.

– (Yo) Quiero que (tú) **compres** un mp4.
– (Nosotros) Esperamos que (ellos) **vayan** pronto de vacaciones.
– (Vosotros) Necesitáis que (yo) **estudie** más.

■ Expresar hipótesis.

Podemos expresar la probabilidad con adverbios y locuciones adverbiales seguidas de **indicativo** o **subjuntivo**. Se usan unas u otras dependiendo del grado de seguridad que el hablante quiera transmitir:

> **Puede (ser)/Es posible/Es probable** + **que** + subjuntivo

– **Puede que** hoy Maribel no **venga** a clase porque ayer estaba enferma.
– **Es probable que** Felipe no **viaje** este verano a Portugal con nosotros, ha suspendido Matemáticas.

> **Quizá(s)/Tal vez/Posiblemente/Probablemente** + indicativo/subjuntivo

En estos casos se construye en indicativo o subjuntivo. Con las expresiones que llevan indicativo, el hablante transmite más seguridad. Es decir, es más probable que se realice la acción.

■ Reaccionar ante algún suceso.

Ante un suceso, el hablante puede reaccionar expresando sus sentimientos de diferentes formas: sorpresa, extrañeza, deseo, lamentación, alegría, etc. Todas estas expresiones de sentimiento tienen la misma estructura:

> **Me extraña/Me sorprende/Me gusta/Me alegra/ Siento/...** + **que** + subjuntivo

– **Me extraña que** Óscar no haya aprobado el examen, era muy fácil.

Cuando en la oración hay dos sujetos diferentes, usamos: verbo de sentimiento + que + subjuntivo; cuando el verbo es el mismo: verbo de sentimiento + infinitivo.

– Me gusta mucho **vivir** aquí.
– Me gusta mucho que mis padres **vivan** aquí.

También llevan subjuntivo las expresiones con estas estructuras:

> **¡Qué** + **raro/extraño/bien/mal/sorpresa/alegría...** + **que** + subjuntivo!

> **Me parece raro/extraño/bien/mal...** + **que** + subjuntivo

– **¡Qué raro que** mi padre **esté** durmiendo! Normalmente a estas horas está trabajando.

Ser/estar

SER	ESTAR
■ **Describir personas y cosas.** • *Pedro **es** alto y simpático.* • *La mochila **es** azul y grande.* • *Este niño **es** muy travieso.*	■ **Expresar estados físicos o emocionales con carácter temporal, provocados por un cambio.** • *Juan **está** triste, su novia lo ha dejado.* • *Marisol **está** enferma, se ha pasado toda la noche tosiendo.* • *La ventana **está** rota.* • *Por favor, cierra la puerta, **está** abierta.*
■ **Nacionalidad.** • *Roberto **es** italiano.* • *Yo **soy** española.*	■ **Descripción subjetiva del aspecto de una persona o cosa.** • *José **está** muy delgado, ¿no crees?* • *¡Este jamón **está** buenísimo!*
■ **Procedencia.** • *Las naranjas **son** de Valencia.* • *Este chico **es** de mi instituto.*	■ **Expresar acciones en proceso: *estar* + gerundio.** • *Manuel **está hablando** por teléfono.* • ***Estamos estudiando**, un poco de silencio, por favor.*
■ **Identificar a una persona o cosa.** • *Este **es** Roberto.* • *Esta **es** la nueva alumna.*	

SER	ESTAR
■ **Profesión (con carácter permanente).** • *Ángel **es** arquitecto.* • *José **es** el profesor de mates.*	■ **Profesión (con carácter temporal).** • *Felipe **está de** portero en un hotel mientras termina sus estudios.* • *Mi padre **está de** profesor de Matemáticas aunque es ingeniero.*
■ **Fecha y hora.** • *Hoy **es** jueves.* • ***Son** las cuatro de la tarde.* • *La fiesta **es** a las tres.*	■ **Fecha.** ▶ *¿**A** cuánto **estamos**?* ▷ *Hoy **estamos a** 25 de mayo.*
■ **Precio (para preguntar y decir el precio total).** • *¿Cuánto **es** todo?* • ***Son** 12 euros.*	■ **Precio variable.** • *Las motos **están** muy caras últimamente.* ▶ *¿A cuánto **está** el salmón?* ▷ *Hoy **está** a 14 euros el kilo.*
■ **Hacer valoraciones: *ser* + adjetivo.** • ***Es importante** que vayas a la reunión.* • ***Es impresionante** que haya ocurrido una cosa así.*	■ **Hacer valoraciones: *estar* + bien/mal/claro...** • ***Está bien** que digas la verdad.* • ***Está claro** que no tienes razón.* • ***Está mal** que le contestes así a los profesores.*
■ **Lugar de celebración.** • *La fiesta **es** en mi casa.*	■ **Localización en el espacio.** • *La botella **está** sobre la mesa.* • *Cadaqués **está** en la costa mediterránea.*

■ **Expresar cantidad (con *demasiado*, *poco*, *mucho*, *bastante*...).**

• *Esta habitación **es demasiado** pequeña.*
• ***Es un poco** joven para salir de noche.*
• ***Es bastante** importante que le digas lo del examen.*

■ **Materia.**

• *El pantalón **es** de algodón.*

■ **Posesión.**

• *La carpeta pequeña **es** mía.*
• *El coche **es** de Juan.*

> 🔖 Recuerda:
> • Algunos adjetivos cambian de significado según lleven *ser* o *estar*:
>
>   — *Ya **está lista** la comida* ➡ 'preparada'.
>   — *Esta niña **es** muy **lista*** ➡ 'inteligente'.

Cuando el adjetivo se puede combinar con *ser* y con *estar*, con el verbo *ser* señalamos las cualidades del sujeto estables, normalmente permanentes y habituales.

Son adjetivos descriptivos que normalmente hacen referencia a las personas, animales o cosas: *simpático/a, amable, sincero/a, trabajador/a, abierto/a, alto/a, introvertido/a, callado/a, caro/a, bonito/a, feo/a, grande, duro/a...*

Con el verbo **estar** señalamos las cualidades del sujeto circunstanciales y temporales, resultado de algún cambio.

> – *Manolo **es** muy generoso, siempre trae regalos para todos.*
> – *Manolo **está** muy generoso desde que le han subido el sueldo.*
> – *Tu hermano **es** muy alto.*
> – *El perro de mi amigo **está** enfermo, no come desde hace días.*

Por/para

POR	PARA
■ **Causa.**	■ **Finalidad.**
• *Lo expulsaron de clase **por** gritar.*	• *Estudio español **para** poder viajar.*
■ **Localización espacial.**	■ **Localización espacial.**
• *Cada día paseo **por** el parque.* (Se refiere a un movimiento a través de un lugar).	• *Juan dice que va **para** la estación.* (Indica el destino).
■ **Localización temporal.**	■ **Localización temporal.**
• *Quiere entregar el trabajo **por** Navidad.* (Expresa un tiempo aproximado).	• *Quiere entregar el trabajo **para** Navidad.* (Expresa límite de plazo).
■ **Precio.**	■ **Expresar opinión.**
• *Compramos todos estos CD **por** 20 euros nada más.*	• ***Para** mí, esto es un error.*
■ **Cambio (uno por otro).**	■ **Expresar la capacidad de algo.**
• *Yo no puedo ir a la excursión, irá Manuel **por** mí.*	• *Es un local **para** 200 personas.*
■ **Medio.**	
• *He llamado a Maite **por** teléfono.*	

Pronombres y adjetivos indefinidos

Pronombres indefinidos invariables

	Personas	Cosas
Existencia	alguien	algo
No existencia	nadie	nada

▶ *¿Me ha llamado **alguien** esta mañana?*
▷ *No, no te ha llamado **nadie**.*

▶ *Pablo, ¿quieres tomar **algo**?*
▷ *No, gracias, no quiero **nada** ahora, acabo de tomar un refresco.*

Pronombres indefinidos variables

	Singular	Plural
Existencia	alguno/a	algunos/as
No existencia	ninguno/a	---

▶ *Buenos días, ¿tiene **alguna** revista fotográfica?*
▷ *Sí, tenemos **algunas** en la estantería del fondo.*
   (...)
▷ *¿Has comprado la revista que te he pedido?*
▷ *No, no he comprado **ninguna** porque eran muy caras.*

Adjetivos indefinidos

(Para referirnos tanto a personas como cosas)

	Singular	Plural
Existencia	algún/alguno/alguna	algunos/as
No existencia	ningún/ninguno/ninguna	---

> 📖 Las formas **ningunos/ningunas** existen como tales pero se usan muy poco, solamente con sustantivos que van siempre en plural: *ningunas tijeras, ningunos pantalones...*

Marcadores de discurso

Los **marcadores del discurso** sirven para ordenar la información que se ofrece en un texto oral o escrito. Hay varios tipos que cumplen diferentes funciones.

■ **Para ordenar la información.**
- *En primer lugar,*
- *Para empezar,*
- *Por una parte,*

■ **Para continuar con la siguiente idea o añadir información.**
- *En segundo lugar, tercer lugar...,*
- *Además,*
- *Asimismo,*

■ **Para introducir un nuevo argumento o idea.**
- *Respecto a...*
- *En cuanto a...*
- *Por otra parte,*

■ **Para introducir una idea que se opone o contrasta con lo que hemos dicho antes.**
- *Pero...*
- *Sin embargo...*

■ **Para expresar causa.**
- *Porque...*
- *Ya que...*
- *Puesto que...*

■ **Para concluir/finalizar.**
- *Por último,*
- *En definitiva,*
- *Para terminar,*
- *En conclusión,*

Ortografía: las reglas de acentuación

El español tiende a acentuar la penúltima sílaba: palabras graves o llanas, terminadas en vocal, -n, -s: *casa, examen, penas.* Ponemos tilde (´) para marcar una excepción.

Las palabras agudas, llanas y esdrújulas

Llevan tilde:
- Las palabras agudas (acento en la última sílaba) terminadas en vocal, -n o -s: *café, colchón, adiós.*
- Las palabras llanas (acento en la penúltima sílaba) terminadas en consonante distinta de -n o -s: *lápiz, árbol, Félix.*
- Todas las palabras esdrújulas (acento en la antepenúltima sílaba): *bolígrafo, vídeo, música.*

La tilde diacrítica

La tilde diacrítica sirve para diferenciar funcionalmente o semánticamente dos palabras homófonas.
En general, las palabras monosilábicas no se acentúan en español, excepto cuando dos homófonos pueden llevar a confusión.

También acentuamos los pronombres y adverbios interrogativos y exclamativos: *dónde, quién, qué, cuál...*

■ **El** ➧ artículo: *El salón está sucio.*	■ **Él** ➧ pronombre: *Esto es para él.*
■ **Tu** ➧ posesivo: *Tu hermano está aquí.*	■ **Tú** ➧ pronombre: *Eso lo dices tú, ¿no?*
■ **Mi** ➧ posesivo: *No cojas mi cartera.*	■ **Mí** ➧ pronombre: *Debes confiar en mí.*
■ **Te** ➧ pronombre: *Te quiero mucho.*	■ **Té** ➧ infusión: *¿Quieres un té?*
■ **Mas** ➧ conjunción (*pero*): *Es bonito, mas no lo puedo comprar.*	■ **Más** ➧ adverbio: *Este dibujo es más bonito que el otro.*
■ **Si** ➧ conjunción: *Si quieres estudiar en mi casa, llámame.*	■ **Sí** ➧ adverbio de afirmación: *Dime que sí, ¡venga!*
■ **De** ➧ preposición: *¿Me pasas un trozo de pan, por favor?*	■ **Dé** ➧ verbo *dar*: *¿Quieres que te dé mis apuntes?*
■ **Se** ➧ pronombre: *Se lava las manos.*	■ **Sé** ➧ verbo *saber*, verbo *ser*: *No lo sé./Sé bueno.*
■ **O** ➧ conjunción: *Seis o siete.*	■ **Ó** ➧ conjunción (entre cifras): *6 ó 7.*

GLOSARIO

Español	Francés	Italiano	Alemán	Portugués	Inglés
A la vez	En même temps	Allo stesso tempo	Gleichzeitig	Ao mesmo tempo	At the same time
Abandonar	Abandonner	Lasciare	Verlassen	Abandonar	Leave, to
Abarrotado/a	Plein (de monde)	Affollato/a	Gefüllt	Abarrotado/a	Crowded
Acantilado, el	Falaise, la	Scogliera, la	Klippe, die	Falésia, a	Cliff, the
Acertijo, el	Devinette, la	Indovinello, l'	Rätsel, das	Adivinha, a	Riddle, the
Acontecimiento	Événement	L'avvenimento, l'evento	Ereignis, das	Acontecimento	Event
Actualmente	Actuellement	Attualmente, adesso	Gegenwärtig	Atualmente	Atualmente
Acusar	Accuser	Accusare	Beschuldigen	Acusar	Accuse, to
Adverso/a	Adverse	Avverso/a	Feindlich	Adverso/a	Adverse
Afueras, las	La banlieue	I dintorni	Umgebung, die	Periferia, a	Suburbia
Agotarse	S'épuiser	Esaurirsi	Leer werden	Esgotar, terminar	Be sold out
Ahorcar	Pendre	Impiccare	Aufhängen	Enforcar	Hang, to
Ahorrativo/a	Économe	Parsimonioso/a	Sparsam	Poupado/a	Thrifty
Al cabo de	Au bout de	Dopo	Nach Ablauf von	Ao cabo de	After
Albergue, el	Auberge, l'	Ostello, l'	Herberge, die	Albergue, o	Hostel, the
Álbum, el	Album, l'	Disco, il	Album, das	Álbum, LP	Long Play (LP), the
Alejarse	S'éloigner	Allontanarsi	Entfernen, sich	Distanciar-se	Go away, Move away, to
Almacenar	Stocker	Immagazzinare	Lagern	Armazenar	Store, to
Alterado/a	Fâché	Alterato/a	Verärgert	Alterado/a	Upset
Amargura, la	Amertume, l'	Amarezza, l'	Bitterkeit, die	Amargura, a	Bitterness, the
Anatomía, la	Anatomie, l'	Anatomia, l'	Anatomie, die	Anatomia, a	Anatomy, the
Andén, el	Trottoir, le	Marciapiede, il	Bürgersteig, der	Ândito, o	Pavement, the
Anfiteatro, el	Amphithéâtre, l'	Anfiteatro, l'	Amphitheater, das	Anfiteatro, o	Amphitheatre, the
Anualmente	Annuellement	Annualmente	Jährlich	Anualmente	Annually
Aparato, el	Appareil, l'	Apparecchio, l'	Apparat, der	Aparelho, o	Machine, the
Apenas	À peine	Appena	Kaum	Quase não	Hardly
Apetecer	Avoir envie	Gradire	Wünschen	Apetecer,	Feel like
Aplaudir	Applaudir	Applaudire	Klatschen	Aplaudir	Clap
Aposento, el	Appartement, l'	Alloggio, l'	Wohnung, die	Aposento, o	Chamber, the
Aprovechar	Profiter	Approfittare	Ausnutzen	Utilizar, aproveitar	Take advantge
Archipiélago, el	Archipel, l'	Arcipelago, l'	Archipel, das	Arquipélago, o	Archipelago, the
Aroma, el	Arôme, l'	Aroma, l'	Duft, der	Aroma, o	Scent, Perfume, the
Asociar	Associer	Associare	Verbindung, (in ~ bringen mit)	Associar	Combine, to
Astro, el	Astre, l'	Astro, l'	Stern, der	Astro, o	Star, the
Atar	Lier	Legare	Anbinden	Atar	Tie, to
Atemporal	Intemporel	Eterno	Zeitlos	Atemporal	Timeless
Ausente	Absent	Assente	Abwesend	Ausente	Absent
Autodidacta	Autodidacte	Autodidatta	Autodidaktisch	Autodidacta	Self-taught
Autómata, el/la	Automate, l'	Automa, l'	Automat, der	Autómato, o	Robot, the
Balcón, el	Bacon, le	Balcone, il	Balkon, der	Varanda, a	Balcony, the
Banco, el	Banc, le	Panchina, la	Bank, die (Sitzgelegenheit)	Banco, o	Bench, the
Banda sonora, la	Bande originale, la	Colonna sonora, la	Soundtrack, der	Banda sonora, a	Soundtrack, the
Barquillo, el	Cône, le	Cialda, la	Waffel, die	Barquilho, o	Wafer, the
Billete, el	Le billet	Il biglietto	Fahrschein, der	Passagem, a	Ticket
Bisabuelo/a, el/la	Arrière grand-père/mère, l'	Bisnonno/a, il/la	Urgroßvater/-mutter, der/die	Bisavô/a, o/a	Great-grandfather/great-grandmother, the

Español	Francés	Italiano	Alemán	Portugués	Inglés
Bosque, el	Le bois	Il bosco	Wald, der	Bosque, o	Forrest
Brújula, la	Boussole, la	Bussola, la	Kompass, der	Bússola, a	Compass, the
Buenas…	Salut/Coucou	Ciao…	Hallo	Olá	Hi
Bulería, la	Buleria, la	Bulería, la	Bulería, die	Buleria, a	Bulería, the
Bullicioso/a	Bruyant	Rumoroso/a	Laut	Barulhento/a	Noisy
Cabra montesa, la	Chèvre Alpine, la	Capra montana, la	Bergziege, die	Cabra montês, a	Mountain goat, the
Cálido/a	Chaud/e	Caldo /a	Warm	Quente, cálido/a	Hot
Callejero, el	Plan, le	Stradario, lo	Stadtplan, der	Mapa das ruas, o	Street map, the
Calma, la	Calme, le	Calma, la	Ruhe, die	Calma, a	Calm, the
Campana, la	Cloche, la	Campana, la	Glocke, die	Sino, o	Bell, the
Cantimplora, la	Gourde, la	Borraccia, la	Feldflasche, die	Cantil, o	Water bottle, the
Cañón, el	Gorge, la	Canyon, il	Schlucht, die	Desfiladeiro, o	Cannon, Canyon, the
Casarse	Se marier	Sposarsi	Heiraten	Casar-se	Marry
Castigar	Punir	Punire	Strafen	Castigar	Pusnish
Castigo, el	Punition (a)	Castigo, il	Strafe, die	Castigo, o	Punishment, the
Catarata, la	Chute (d'eau), la	Cateratta, la	Wasserfall, der	Catarata, a	Waterfall, the
Caudal, el	Débit, le	Corso d'acqua, il	Wassermenge, die	Caudal, o	Volume of flow, the
Celoso/a	Jaloux	Geloso/a	Eifersüchtig	Ciumento/a	Jealous
Chillar	Crier	Urlare	Schreien	Gritar	Shout, to
Chubasquero, el	Imperméable, l'	Impermeabile, l'	Regenmantel, der	Impermeável, o	Cagoule (Br), Slicker (Am), the
Chuparse los dedos	Se lécher les doigts	Leccarsi i baffi	Köstliches Gericht (span. Redwendung)	Detrás da orelha	It's a really good meal.
Clamar justicia	Crier justice	Chiedere giustizia	Schreien, nach Gerechtigkeit	Bradar aos céus	Cry out for justice, to
Cocodrilo, el	Crocodile, le	Coccodrillo, il	Krokodil, das	Crocodilo, o	Crocodile, the
Colgar	Suspendre	Appendere	Aufhängen	Pendurar	Hang, to
Columpio, el	Balançoire, la	Altalena, l'	Schaukel, die	Baloiço, o	Swing, the
Comarca, la	Commune, la	Regione, la	Region, die	Região, a / Comarca, a	Region, the
¿Cómo andas?	Comment tu vas?	Come stai?	Wie geht es dir?	Tudo bem?	How are you?
¿Cómo te va?	Comment ça va?	Come ti va?	Wie geht es dir?	Tudo bem?	How is it going?
Compañerismo, el	Camaraderie, la	Cameratismo, il	Kameradschaft, die	Companheirismo, o	Comradeship, the
Comparable	Comparable	Paragonabile	Vergleichbar	Comparável	Comparable
Condenar	Condamner	Condannare	Verurteilen	Condenar	Sentence, to
Conjetura, la	La conjecture	La congettura, l'ipotesi	Vermutung, die	Suposição, a	conjecture
Conmemorar	Commémorer	Commemorare	Gedenken (v)	Comemorar	Commemorate, to
Contemplar	Contempler	Osservare	Betrachten	Contemplar	Gaze at, to
Convento, el	Couvent, le	Convento, il	Kloster, das	Convento, o	Convent, the
Convivencia, la	La vie en commun	La convivenza	Zusammenleben, das	Convivência, a	Life together
Costear	Payer (assumer le coût)	Sovvenzionare	Bezahlen	Custear	Afford, to
Creencia, la	Dette, la	Credenza, la	Glaube, der	Crença, a	Belief, the
Cultivar	Cultiver	Coltivare	Pflegen	Cultivar	Encourage, to
Cumplir (años)	Fêter	Compiere	Erfüllen, geburtstag feiern	Fazer aniversário	Be … years old
Curioso/a	Curieux/euse	Curioso / a	Neugierig	Curioso/a	Curious
Dar brincos	Sauter	Saltare (dalla gioia)	Springen	Dar saltos	Jump for, to
Darse prisa	Se dépêcher	Affretarsi, fare in fretta	Sich beeilen	Apressar-se	Hurry
De sobra	Suffisant/assez	In abbondanza	Mehr als genug	De sobra	Plenty of (You have plenty of time.)
Debut, el	Début, le	Debutto, il	Anfang, der	Debute, o	Début, the
Delantal, el	Tablier, le	Grembiule, il	Schürze, die	Avental, o	Apron, the
Descorazonador	Décourageant	Scoraggiante	Entmutigend	Desalentador	Disheartening, Discouraging
Desmayarse	S'évanouir	Svenire	Ohnmächtig werden	Desmaiar	Faint, to
Despoblado/a	Dépeuplé/e	Spopolato/a	Verlassen (adj)	Despovoado/a	Deserted
Desprender	Détacher	Staccare	Losmachen	Soltar	Dislodge, to
Destrozo, el	Destruction, la	Danno, il	Schaden, der	Destroço, o	Damage, the
Desvestirse	Se dévêtir	Svestirsi	Sich auskleiden	Despir-se	Undress

Español	Francés	Italiano	Alemán	Portugués	Inglés
Detestar	Détester	Detestare	Hassen	Detestar	Hate, Detest, to
Diástole, la	Diastole, la	Diastole, la	Diastole, die	Diástole, a	Diastole, the
Difundir	Diffuser	Diffondere	Verteilen	Difundir	Spread, to
Discutir	Discuter	Discutere, litigare	Diskutieren	Discutir	Discuss
Disfrazarse	Se déguiser	Mascherarsi	Verkleiden, sich	Fantasiar-se	Dress up, to
Disfrutar	Jouir (de qqch)	Godere	Genießen	Desfrutar	Enjoy, to
Disminución, la	Diminution, la	Diminuzione, la	Rückgang, der	Redução, a	Decrease, Drop, the
Documental, el	Documentaire, le	Documentario, il	Dokumentation, die	Documentário, o	Documentary, the
Durar	Durer	Durare	Dauern	Resistir, durar.	Last
Emblemático/a	Emblématique	Emblematico/a	Emblematisch	Emblemático/a	Emblematic
Emoción, la	Émotion, l'	Emozione, l'	Emotion, die	Emoção, a	Emotion, the
Emotividad, la	Émotivité, l'	Emotività, l'	Emotivität, die	Emotividade, a	Emotionalism, Emotionality
En un periquete	En un instant	In un baleno	Handumdrehen, im	Num instante	In a jiffy
Enano/a	Nain/e, le/la	Nano/a	Zwerg, der	Anão/Anã	Midget, the
Encender	Allumer	Accendere	Anzünden	Acender	Light
Enfrentarse	Affronter	Affrontare	Stellen, sich einem Problem	Enfrentar	Face, to
Enigmático/a	Énigmatique	Enigmatico/a	Rätselhaft	Enigmático/a	Enigmatic, Mysterious
Enterarse de algo	Apprendre qqch	Accorgersi di qualcosa	Erfahren, etwas	Inteirar-se	Find out, to
Entreabierto/a	Entrouvert	Socchiuso/a	Halboffen	Entreaberto/a	Half-open
Entretener	Distraire	Intrattenere	Unterhalten	Entreter, distrair	Entertain
Equilibrio, el	Équilibre, l'	Equilibrio, l'	Gleichgewicht, das	Equilíbrio, o	Balance, the
Erosionado/a	Érodé/e	Eroso/a	Ausgewaschen	Erodido/a	Eroded
Escayolado/a	Plâtré/e	Ingessato/a	Eingegipst	Engessado/a	In plaster
Escoger	Choisir	Scegliere	Auswählen	Escolher	Choose, to
Espantoso/a	Horrible	Spaventoso /a	Fuchtbar	Espantoso/a	Awful
Especie, la	Espèce, l'	Specie, la	Spezies, die	Espécie, a	Species, the
Espía, el/la	Espion, l'	Spia, la	Spion/-in, der/die	Espião, o / Espiã, a	Spy, the
Espuela, la	Éperon, l'	Sperone, lo	Sporn, der	Espora, a	Spur, the
Estar callado/a	Éter réservé/e	Stare zitto	Stillschweigen	Estar calado/a	Be quiet
Estar en cama	Être alité	Essere a letto malati	Bettlägerig	Estar de cama	Fall ill, Get sick, to
Estar muerto/a de miedo	Être mort de peur	Essere morti di paura	Starr vor Angst sein	Estar morto/a de medo	Be scared stiff, to
Estar verde	Être inexpérimenté	Novellino/a	Unreif	Estar verde	Be green, to
Estela, la	Trace, la	Scia, la	Spur, die	Rastro, o	Track, the
Estruendo, el	Le vacarme	Fragore	Donner, der	Estrondo, o	Roar
Extrañeza, la	Étrangeté, l'	Stranezza, la	Erstaunen, das	Estranheza, a	Surprise, the
Fallo, el	Erreur, l'	Errore, l'	Fehler, der / Strafe, die	Erro, o / Sentença, a	Mistake, Judgement/ Sentence, the
Faro, el	Phare, le	Faro, il	Leuchtturm, der	Farol, o	Lighthouse, the
Fascinante	Fascinant	Affascinante	Faszinierend	Fascinante	Fascinating
Fastidio, el	L'ennui	La molestia, il fastidio	Verdruss, der	Aborrecimento, o	Annoyance
Fatal	Fatal	Malissimo	Ganz schlecht	Muito mal	Horrible
Fatídico/a	Fatidique	Fatidico/a	Unheilkündend	Fatídico/a	Fateful
Fauna, la	Faune, la	Fauna, la	Fauna, die	Fauna, a	Fauna, the
Ficticio/a	Fictif/ve	Fittizio/a	Fiktiv	Fictício/a	Fictitious
Flequillo, el	Mèche, la	Frangetta, la	Pony, der	Franja, a	Bangs (Am), Fringe (Br) the
Flora, la	Flore, la	Flora, la	Flora, die	Flora, a	Flora, the
Fraile, el	Moine, le	Frate, il	Mönch, der	Frade, o	Friar, Monk, the
Fregar	Laver	Lavare i piatti	Abwaschen	Esfregar, lavar	Do the washing up
Frontera, la	Frontière, la	Frontiera, la	Grenze, die	Fronteira, a	Border, Frontier, the
Fuente, la	Fontaine, la	Fonte, la	Quelle, die	Fonte, a	Fountain, the
Fuera de lo común	Hors du commun	Fuori dal comune	Ausserordentlich	Fora do comum	Unusual
Furgoneta, la	Camionnette, la	Furgoncino, il	Lieferwagen, der	Carrinha, a	Van, Minibus, the
Fusil, el	Fusil, le	Fucile, il	Gewehr, das	Espingarda, a	Rifle, the
Gallo, el	Coq, le	Gallo, il	Hahn, der	Galo, o	Cockerel, the
Gesticular	Gesticuler	Gesticolare	Gestikulieren	Gesticular	Gesticulate, to

Español	Francés	Italiano	Alemán	Portugués	Inglés
Gladiador, el	Gladiateur, le	Gladiatore, il	Gladiator, der	Gladiador, o	Gladiator, the
Gorra, la	Casquette, la	Berretto con visiera, il	Kappe, die	Boné, o	Cap, the
Gozar	Apprécier	Godere	Genießen	Divertir-se / Sentir prazer	Enjoy sth, to
Gruñón/gruñona	Grognon	Brontolone/a	Brummig	Resmungão / Resmungona	Grumpy
Hacer caso a alguien	Prêter attention à	Dare retta a qualcuno	Hören, auf jemanden	Prestar atenção em alguém	Pay attention to sb, to
Hacer cola	Faire la queue	Fare la fila	Schlange stehen	Esperar na fila	Queue
¡Hasta la vista!	À la prochaine	Ci vediamo!	Auf Wiedersehen!	Até logo	See you!
Herir	Blesser	Ferire	Verletzen	Ferir	Wound, to
Hojalata, la	Fer blanc, le	Latta stagnata, la	Weißblech, das	Lata, a	Tinplate, the
Hondo/a	Profond/e	Profondo	Tief	Fundo/a, o, profundo	Deep
Hospitalario/a	Hospitalier	Ospitale	Gastfreundlich	Hospitaleiro/a	Hospitable, Welcoming
Huella, la	Empreinte, l'	Impronta, l'	Spur, die	Pegada, a	Footstep, the
Huir	Fuir	Fuggire	Flüchten	Fugir	Escape, to
Imprescindible	Indispensable	Indispensabile	Unentbehrlich	Imprescindível	Essential, Indispensable
Impresentable	Vaurien	Inpresentabile	Nicht vorzeigbar	Intratável, Pouco apresentável	Dreadful, Outrageous
Indefenso/a	Sans défense, le	Indifeso/a	Wehrlos	Indefeso/a	Defenceless
Informatizar	Numériser	Informatizzare	Computerisieren	Informatizar	Computerize, to
Inmejorable	Qui ne peut être amélioré	Insuperabile	Unübertrefflich	Insuperável, Imelhorável	Excellent, Unbeatable
Inocentemente	Innocemment	Innocentemente	Unschuldig	Inocentemente	Innocently
Inquieto/a	Inquiet/ète	Inquieto/a	Unternehmungslustig	Inquieto/a, Empreendedor	Enterprising
Instalarse	S'installer	Stabilirsi	Einrichten, sich	Instalar-se	Settle, to
Interrumpir	Interrompre	Interrompere	Unterbrechen	Interromper	Interrupt, to
Intervenir	Figurer	Recitare	Auftreten	Aparecer, Actuar	Appear, Perform, to
Ir paso a paso	Aller peu à peu	Seguire passo passo	Schritt für Schritt vorgehen	Ir passo a passo	Follow step by step, to
Isleño/a, el/la	Insulaire, l'	Isolano/a, l'	Inselbewohner/-in, der/die	Ilhéu, o / Ilhoa, a	Islander, the
Islote, el	Îlot, l'	Isolotto, l'	Eiland, das	Ilhota, a	Small island, Islet, the
Lagarto, el	Lézard, le	Ramarro, il	Eidechse, die	Lagarto, o	Lizard, the
Lana, la	Laine, la	Lana, la	Wolle, die	Lã, a	Wool, the
Latir	Battre	Battere	Schlagen	Bater	Beat, to
Letra, la	Paroles, les	Testo, il	Text, der	Letra, a	Words, Lyrics, the
Libreta, la	Carnet, le	Taccuino, il	Notizbuch, das	Caderno, o	Notebook, the
Ligar	Draguer	Spassarsela	Anbändeln	Engatar	Make out with sb, to
Llevar la documentación en regla	Avoir ses papiers en règle	Avere i documenti in regola	Unterlagen in Ordnung bringen	Ter a documentação em ordem	Bring the documentation in order, to
Lujoso/a	Luxueux/se	Lussuoso/a	Luxuriös	Luxuoso/a	Luxurious
Mago/a, el/la	Magicien, le	Mago/a, il/la	Zauberer, der	Mago, o/a	Magician, the
Manifiesto, el	Manifeste, le	Manifesto, il	Manifest, das	Manifesto, o	Manifesto, the
Mansión, la	Demeure, la	Magione, la	Villa, der	Mansão, a	Mansion, the
Mantenerse en forma	Se maintenir en forme	Mantenersi in forma	Form, in ~ bleiben	Manter-se em forma	Be fit, to
Maravilla, la	Merveille, la	Meraviglia, la	Wunder, das	Maravilha, a	Wonder, the
Marea, la	Marée, la	Marea, la	Gezeiten, die	Maré, a	Tide, the
Marítimo/a	Maritime	Marittimo/a	Maritim	Marítimo/a	Maritime
Melancolía, la	Mélancolie, la	Malinconia, la	Melancholie, die	Melancolia, a	Melancholy, Sadness, the
Memorizar	Apprendre par cœur	Memorizzare	Speichern	Memorizar	Memorize, to
Mercancía, la	Marchandise, la	Merce, la	Ware, die	Mercadoria, a	Merchandise, Goods, the
Merecer	Mériter	Meritare	Verdienen	Merecer	Deserve, to
Metáfora, la	Métaphore, la	Metafora, la	Metapher, die	Metáfora, a	Metaphor, the
Mezclarse	Se mélanger	Mescolare	Sich vermischen	Misturar-se	Mix
Mimo, el/la	Mime, le	Mimo, il/la	Mime, der	Mimo, o/a	Mime, the
Monitor/a, el/la	Moniteur/trice, le/la	Istruttore/-trice, l'	Übungsleiter/-in, der/die	Instrutor/a, o/a	Instructor, the
Montañoso/a	Montagneux/se	Montagnoso/a	Bergig	Montanhoso/a	Mountainous

Español	Francés	Italiano	Alemán	Portugués	Inglés
Morder	Mordre	Mordere	Beißen	Morder	Bite, to
Morirse de hambre	Mourir de faim	Morire di fame	Vor Hunger sterben	Morrer de fome	Starve to death
Mosca, la	Mouche, la	Mosca, la	Fliege, die	Mosca, a	Fly, the
Multicultural	Multiculturel	Multiculturale	Multikulturell	Multicultural	Multicultural
Musical, el	Comédie musicale, la	Musical, il	Musical, das	Musical, o	Musical, the
Nato/a	Inné/e	Nato/a	Geboren	Nato/a	Born
Ni fu ni fa	Comme ci comme ça	Così, così	So lala	É indiferente, "Dá na mesma"	Ok, I suppose
Niebla, la	La neige	La nebbia	Nebel, der	Nevoeiro, o; névoa, a	Fog
No pegar ojo	Ne pas fermer l'œil	Non chiudere occhio	Nicht eine Sekunde schlafen	Não pregar olho	Not to sleep a wink
No son horas	À des heures indues	Non è ora	Jetzt ist nicht die Zeit...	Não é hora de/para	It is not time to/for …
Nostálgico/a	Nostalgique	Nostalgico/a	Nostalgisch	Nostálgico/a	Nostalgic
Obispo, el	Évêque, l'	Vescovo, il	Bischof, der	Bispo, o	Bishop, the
Ofensa, la	Offense, l'	Offesa, l'	Beleidigung, die	Ofensa, a	Insult, the
Oveja, la	Brebis, la	Pecora, l'	Schaf, das	Ovelha, a	Sheep, the
Paga, la	Argent de poche, l'	Paghetta, la	Taschengeld, das	Semanada	Pocket money, the
Paisajístico/a	Paysager	Paesaggistico/a	Landschafts...	Paisagístico/a	Scenic
Pálido/a	Pâle	Pallido /a	Blass	Pálido/a	Pale
Paloma, la	Colombe, la	Colomba, la	Taube, die	Pomba, a	Pigeon, the
Paradisíaco/a	Paradisiaque	Paradisiaco/a	Paradiesisch	Paradisíaco/a	Paradisiacal
Paraguas, el	Parapluie, le	Ombrello, l'	Regenschirm, der	Guarda-chuva	Umbrella, the
Parchís, el	Jeu des 4 chevaux, le	Pachisi, il	Mensch-ärgere-Dich-nicht!	Jogo dos cavalinhos, o	Parcheesi (Am), Ludo (Br), the
Payaso/a, el/la	Clown, le	Pagliaccio/a, il/la	Clown, der	Palhaço/a, o/a	Clown, the
Peatón/peatona, el/la	Piéton, le	Pedone, il	Fußgänger	Peão/peã, o/a	Pedestrian, the
Peca, la	Tâche de son, la	Lentiggine, la	Sommersprosse, die	Sarda, a	Freckle, the
Peculiar	Particulier	Peculiare	Eigentümlich	Peculiar	Peculiar, Unusual
Pelear	Se battre	Litigare	Kämpfen	Lutar	Fight, to
Peregrino/a, el/la	Pèlerin, le	Pellegrino/a, il/la	Pilger, der	Peregrino/a, o/a	Pilgrim, the
Perezoso/a	Paresseux/euse	Svogliato	Faul	Preguiçoso/a	Lazy
Perfumado/a	Parfumé/e	Profumato/a	Parfümiert	Perfumado/a	Scented, Fragrant
Perseguir	Poursuivre	Inseguire	Verfolgen	Perseguir	Pursue, Chase, to
Petardo, el	Le pétard	Il petardo, il botto	Sprengkörper, der	Bombinha, a	Banger
Placer, el	Plaisir, le	Piacere, il	Genuss, der	Prazer, o	Pleasure, the
Por la cara	Pour ma tête	Gratuito	Umsonst	Pendura	For nothing
Portátil, el	Ordinateur portable, l'	Portatile, il	Laptop, der	Portátil, o	Laptop, Portable computer, the
Postal, la	Carte postale, la	Cartolina, la	Postkarte, die	Postal, o	Postcard, the
Presenciar	Assister	Assistere	Zugegen sein	Presenciar	Witness, to
Prismáticos, los	Jumelles, les	Binocolo, il	Fernglas, das	Binóculos, os	Binoculars, Field-glasses, the
Prolongarse	Se prolonger	Prolungarsi	Lange dauern	Estender-se	Carry on
Pronóstico, el	Pronostic, le	Pronostico, il	Vorhersage, die	Prognóstico, o	Forecast, the
Puesto, el	Stand, le	Bancarella, la	Stand, der	Barraca, a / Posto, o	Stall, the
Punto débil, el	Le point faible	Il punto debole	Schwache Seite	Ponto fraco, o	Weak point
Pupitre, el	Pupitre, le	Banco, il	Pult, das	Carteira, a	Desk, the
Quedarse a oscuras	Se retrouver dans l'obscurité	Rimanere all'oscuro	Verborgen bleiben	Ficar no escuro	Be left in darkness, to
Quedarse encerrado/a	Se retrouver enfermé	Restare chiusi	Eingeschlossen werden	Ficar preso	Get locked, to
Quiromancia, la	Chiromancie, la	Chiromanzia, la	Chiromantie, die	Quiromancia, a	Palmistry, Chiromancy, the
Radiante	Radieux	Splendido/a	Strahlend	Radioso	Bright, Sunny
Rato, el	Le moment	Il momento	Weile, die	Momento, o	While
Rechazar	Rejeter	Rifutare	Ablehnen	Recusar	Turn down, to
Relajante	Reposant	Rilassante	Entspannend	Relaxante	Relaxing
Relámpago, el	Éclair, l'	Lampo, il	Blitz, der	Relâmpago, o	Bolt, Flash of lightning, the
Relinchar	Hennir	Nitrire	Wiehern	Relinchar	Neigh, Whinny, to

Español	Francés	Italiano	Alemán	Portugués	Inglés
Rendición, la	Reddition, la	Resa, la	Ergebung	Rendição, a	Surrender, the
Renunciar	Renoncer	Rinunciare	Verzichten	Renunciar	Relinquish, to
Reñir a alguien	Gronder qqn	Sgridare qualcuno	Ausschimpfen, jemanden	Ralhar a alguém	Tell off, to
Residuo, el	Résidu, le	Residuo, il	Abfall, der	Resíduo, o	Waste, the
Retrato, el	Portrait, le	Ritratto, il	Portrait, das	Retrato, o	Portrait, the
Rima, la	Rime, la	Rima, la	Reim, der	Rima, a	Poem, the
Ritmo, el	Rythme, le	Ritmo, il	Rhythmus, der	Ritmo, o	Rhythm, the
Rival, el/la	Rival/e, le/la	Rivale, il/la	Rivale, der / Rivalin, die	Rival, o/a	Rival, the
Rodar	Tourner	Filmare	Drehen	Rodar, Filmar	Film, Shoot, to
Ronquido, el	Ronflement, le	Russamento, il	Schnarchen, das	Ronco, o	Snore, the
Sagrado/a	Sacré/e	Sacro/a	Heilig	Sagrado/a	Holy, Sacred
Salvar	Sauver	Salvare	Retten	Salvar	Save, to
Sanguinolento/a	Sanguinolent/e	Sanguinolento/a	Blutig	Sanguinolento/a	Bloody, Bloodstained
Sapo, el	Crapaud, le	Rospo, il	Kröte, die	Sapo, o	Toad, the
Sensible	Sensible	Sensibile	Sensibel	Sensível	Sensitive
Sequedad, la	Sècheresse, la	Secchezza, la	Trocknheit, die	Seca, a	Dryness, the
Séquito, el	Court, la	Seguito, il	Gefolge, das	Séquito, o	Retinue, Entourage, the
Silbar	Siffler	Fischiare	Pfeifen	Assobiar	Whistle, to
Simio/a, el/la	Singe/guenon, le/la	Scimmia, la	Affe, der	Símio/a	Ape, the
Sístole, la	Systole, la	Sistole, la	Systole, die	Sístole, a	Systole, the
Sobreviviente	Survivant	Sopravissuto/a	Überlebende/-r	Sobrevivente	Surviving, Survivor
Sobrio/a	Sobre	Sobrio/a	Nüchtern	Sóbrio/a	Sober
Solitario/a	Solitaire	Solitario/a	Einsam	Solitário/a	Lonely, Solitary
Sombra, la	Ombre, l'	Ombra, la	Schatten, der	Sombra, a	Shadow, the
Sombrilla, la	Parasol, le	Parasole, il	Sonnenschirm, der	Sombrinha, a	Sunshade, the
Soplar las velas	Souffler les bougies	Spegnere le candeline	Ausblasen, die Kerzen	Soprar as velas	Blow out, to
Sospechar	Soupçonner	Sospettare	Verdächtigen	Suspeitar	Suspect, to
Sótano, el	Sous-sol, le	Cantina, la	Keller, der	Cave, a	Basement, the
Suculento/a	Succulent/e	Succulento/a	Saftig	Suculento/a	Succulent
Sudadera, la	Survêtement, le	Felpa, la	Sweatshirt, das	Polar, o	Sweatshirt, Jumper, the
Suerte, la	Chance, la	Fortuna, la	Glück, das	Sorte, a	Luck, the
Superficial	Superficiel	Superficiale	Oberflächlich	Superficial	Superficial, Shallow
Superstición, la	Superstition, la	Superstizione, la	Aberglaube, der	Superstição, a	Superstition, the
Sustancial	Substantiel	Essenziale	Wesentlich	Substancial	Essential, Fundamental
Temblar	Trembler	Tremare	Zittern	Tremer	Shake, Tremble, to
Tener buena pinta	Avoir l'air bon	Sembrare buono	Gut aussehen	Ter bom aspecto	Look good, to
Terrateniente, el/la	Propriétaire, le	Proprietario/a terriero/a, il/la	Grundbesitzer, der	Fazendeiro/a	Landowner, the
Terrestre	Terrestre	Terrestre	Erd…, Land…	Terrestre	Terrestrial
Tiritar	Tembler (de froid)	Tremare	Frösteln	Tiritar	Shiver, to
Tomarle el pulso a alguien	Prendre le pouls	Tastare il polso	Puls fühlen, bei jemandem	Verificar a pulsação de alguém	Take somebody's pulse, to
Tramo, el	Bout, le (faire un bout de chemin)	Tratto, il	Abschnitt, der	Lanço, o	Stretch, the
Trapecista, el/la	Trapéziste, le	Trapezzista, il	Trapezkünstler/-in, der/die	Trapezista, o/a	Trapeze artist, the
Trayecto, el	Trajet, le	Tragitto, il	Reise, die	Trajecto, o	Journey, the
Tumbarse	Se coucher	Sdraiarsi	Hinlegen, sich	Deitar-se	Lie down, to
Velar	Veiller	Vegliare	Bewachen	Cuidar	Watch over, to
Versátil	Polyvalent	Versatile	vielseitig	Versátil	Versatile
Vestido de época, el	En habits d'époque	Vestito d'epoca, il	Zeitgenössisches Kleid, das	Vestido de época, o	Period costume, the
Vigía, el/la	Vigile, le (vigie, la sur un bateau)	Vedetta, la	Wache, die	Vigia, o/a	Watchtower, the
Vigilante, el/la	Surveillant, le	Sorvegliante, il/la	Wächter, der	Vigia, o/a	Security guard, the
Vistas, las	Vue, la	Panorama, il	Ausblick, der	Vista, a	Views, Hearings, the
Vitalidad, la	Vitalité, la	Vitalità, la	Vitalität, die	Vitalidade, a	Vitality, the
Viudo, el	Veuf/ve	Vedovo/a	Verwitwet	Viúvo/a	Widow
Volcánico/a	Volcanique	Vulcanico/a	Vulkanisch	Vulcânico/a	Volcanic